Musa Pedestris

Trois siècles de chants cantings et de comptines en argot [1536 - 1896]

John Stephen Farmer

Writat

Cette édition parue en 2024

ISBN : 9789359947297

Publié par
Writat
email : info@writat.com

Contenu

AVANT-PROPOS

Lorsque Harrison Ainsworth, dans sa préface à *Rookwood*, prétendait être « le premier à écrire une chanson purement flash », il était très loin du compte. En fait, "Nix ma poupée, les amis, faites semblant !" avait été anticipé, dans son traitement de la phraséologie inclinée, par près de trois siècles, et par la suite, par des auteurs dont les noms occupent une place importante, à d'autres égards, dans la littérature anglaise.

L'erreur, cependant, n'était pas tout à fait impardonnable ; Rares sont ceux, en effet, qui auraient deviné que l'apparence de négligence totale qui entourait l'utilisation du cant et de l'argot dans les chansons, ballades ou vers anglais - malgré son caractère riche et racé - n'était rien de superficiel. La *chanson d'argot* de France et la *romance di germania* d'Espagne, sans parler d'autres formes de MUSA PEDESTRIS, avaient longtemps exercé une influence populaire, mais il n'y avait apparemment rien qui leur correspondait de ce côté de la séquence d'argent.

Il faut avouer cependant que le domaine des vers d'argot anglais et des chants chantants, bien que pas tout à fait stérile, n'a encore que peu de droits au traitement idiomatique et plastique que l'on retrouve dans de nombreux *chants argots* et *romans germaniques* ; en vérité, à quelques exceptions notables près, il y a peu de choses dans le présent recueil qui puissent prétendre au rang littéraire.

Ces exceptions, cependant, sont considérées à elles seules comme une justification suffisante pour une anthologie telle que celle présentée ici. De plus, ces "Rhymes and Songs", rassemblées au fil des années, présentent, *en masse* , des points d'intérêt pour l'étudiant et l'érudit qui, isolément, soit manquaient complètement, soit étaient enfouis et perdus de vue au milieu d'une masse d'histoires. matière plus (ou moins) précieuse.

En ce qui concerne la langue vulgaire elle-même — bien qu'une étude exhaustive ne rentre évidemment pas dans le cadre d'avant-propos nécessairement brefs — on peut souligner que son origine en Angleterre est manifestement obscure. Avant la seconde moitié du XVIe siècle, il y avait peu de traces de ce flot de discours peu orthodoxes qui, en cette année de grâce dix-huit cent quatre-vingt-seize, nécessite dûment six volumes in-quarto à doubles colonnes pour faire la chronique - en vérité un vaste et hétéroclite foule!

Quant à la distinction à faire entre le cant et l'argot, il est quelque peu difficile de parler. Ne pouvons-nous pas savoir ? ses limites et sa place dans le monde de la philologie sont bien définies. En argot, cependant, nous avons un véritable Proteus, toujours changeant et défiant pour la plupart une définition exacte et une dérivation ordonnée. Rares sont ceux, à l'exception des érudits et des gens du même genre, qui font la distinction entre les deux, bien que la ligne de démarcation soit assez clairement définie.

En premier lieu, l'argot est universel, tandis que l'usage du cant est réservé à certaines classes de la communauté : les voleurs, les vagroms et… enfin, leurs associés. Il y a en effet une chose que les deux ont en commun ; chacun découle d'un usage normal et correct du langage. Mais là s'arrête toute similitude.

L'argot possède une quasi-respectabilité refusée à Cant, bien que Cant soit souvent plus durable, son utilisation se poursuivant sans variation de sens pendant de nombreuses générations. Avec Slang, c'est l'exception ; Présent en force aujourd'hui, il est soit complètement oublié demain, soit il s'est estompé pour prendre une signification nouvelle : une création du hasard et des circonstances. Le cant et l'argot, mais l'argot à un degré plus déterminé, sont des miroirs dans lesquels ceux qui regardent peuvent voir se refléter une image de l'époque, avec ses défauts, ses faiblesses et ses particularités. Ils reflètent la vie sociale du peuple, le miroir étant rarement aussi fidèlement tendu à la vérité – d'où l'intérêt actuel, et peut-être la valeur future, de ces chansons et comptines. Pour le reste, le livre parlera de lui-même.

COMPTES DE L'ÉQUIPAGE CANTING. [Notes] [c. 1536]

[De " *The Hye-way to the Spyttel-hons* " par ROBERT COPLAND (HAZLITT, *Early Popular Poetry of England, iv* .) ROBERT COPLAND et le porteur de l'hôpital Saint-Barthélemy *loquitor*].

Terres de flic. Aucun de ces colporteurs ne vient également par ici, Avec pak sur bak avec leur bousy speche [1] Déchiqueté et en lambeaux avec des tuyaux et une brèche cassés ?

Porter. Maintenant, maintenant ; avec bousy coue mutilé nace,[2]
Déchirez le patryng coue dans le darkeman caceDocked le dell pour un coper meke;sa montre doit feng un prounces nob-chete,Cyarum, par Salmon, et tu pek mon jereIn ton gan, pour mon regardez, c'est nace gerePour le bene bouse, ma montre a un coyn. Et ainsi ils babillent jusqu'à ce que leur thryft soit mince, je n'ai rien dit avec leur pedlyng frenche.

[1 crapuleux] [2 notes]

LA MALÉDICTION DU MENDIANT [1608]

[De *Lanthorne and Candlelight* , par THOMAS DEKKER, éd. GROSART (188), iii, 203 : — « un chant chantant, dans lequel vous pourrez apprendre comment *cette génération* maudite prie, ou (pour parler vrai) maudire les officiers qui les punissent »].

[Remarques]

je

Le Ruffin cly le nab de l'Harmanbeck,
Si nous mawnd Pannam, tour, ou Ruff-peck,Ou peupliers de yarum : il
coupe, bing aux Ruffmans,Ou els il jure par les hommes légers,Pour mettre
nos timbres dans le Harmans, le ruffian cly le fantôme de l'HarmanbeckIf
nous avons un stand, nous cly le lerk.

[Le diable prend la tête du connétable !
Si nous mendions du pain, des boissons, du bacon, ou du porridge au lait, il
dit : « va aux haies » ou jure, le matin, de mettre nos pieds dans les ceps. Le
diable prend le fantôme du connétable. Si nous cambriolons une maison,
nous sommes fouettés.]

II

Si nous nichons, ou broyons un Ken bowzing,
ou étouffons un rebond qui n'a qu'une victoire, ou dupons le giger d'un
Ken de noyaux de Gentry, au menottement le plus curieux que nous bing;
,Et puis au Trin'de sur les chates, dans les hommes-lumières,Le Bube &.
Ruffian cly le Harmanbeck et les harmans.

[Si nous forniquons ou volons dans une taverne,
volons un sac à main avec seulement un sou dedans. Ou pénétrons par
effraction dans la maison d'un gentleman, nous allons chez le magistrat,
puis en prison pour être enchaînés, d'où être pendu à la potence dans le
matin, La vérole et le diable prennent le connétable et ses stocks.]

" OWRE OUT BEN MORTS " [1610]

[Par SAMUEL ROWLANDS dans *"Martin Mark-all, Beadle of Bridewell : His
Defence and Answere to the Belman of London"*].

je

Towre out ben morts & towre,[1]
Looke out ben morts & towre,Car tous les coues de Rome sont bougés
d'un bec,[2]Et les criques du quire font basculer le lowre.[3]

II

Les coues du chœur sont dirigées vers le ken qui s'incline,[4]
aussi Romely qu'une balle,[5] Mais si nous sommes fous, nous serons
cliqués,[6] et transportés dans la salle des excentriques.[7]

III

J'ai fait bouger la Coue du ken,[8]
Avec un ben filtch dans sa quarr'me[9]Cela a fait du bien au prigg qui bingd
dans le kisome,[10]Pour faire bouger la Coue en m'alarm'me.

[1 : faites attention, bonnes femmes ;] [2 : toutes les criques de Rome [Notes]
se sont enfuies [Notes]] [3 : Les criques queer ont pris l'argent] [4 : se sont
faufilées jusqu'à la brasserie] [5 : agilement] [6 : fouetté] [7 : emmené en
prison.] [8 : rampé ; maître de maison] [:9 employés; main.] [10: est allé
chercher l'homme qui avait donné l'alarme.]

LA COURSE DU MAUNDER [Notes] [1610]

[Par SAMUEL ROWLANDS dans *Martin Mark-all, Beadle of Bridewell : His
Defence and Answere to the Belman of London* :—"Je vais vous montrer ce que j'ai
entendu à *Knock-vergos* , en y buvant un pot de bière anglaise, deux Maunders
portés et des voleurs vp élevés courtisant dans leur langue maternelle "].

je

O Ben mort, veux-tu pad avec moi
, Sera à ton commandement.

II

Ô Ben Coue, cela ne peut pas être, [5]
Car tu as un Autem mort qui est elle, [6] Si elle était morte et liée à son long
tibb, [7] Alors je pad et maund avec toi, [8] Et wap et fon le mensonge. |9|

III

O ben mort Castle out & Towre,[10]
Où tous les Roome coues slopne pour que nous puissions faire basculer le
lowre,[11] Quand_ [*]nous avons incliné le lowre et clôturé les
ratés[12]Alors nous nous gaverons de le Ken bowzing,[13] C'est couper le
Robin des Bois.[14]

IV

Mais O ben Coue, que se passe-t-il si nous sommes clyd, [15]
Longtemps nous ne pouvons pas forcer et pincer, enfin nous serons
espionnés, [16] Si nous sommes espionnés, O alors commence notre
malheur, Avec le bec d'Harman dehors et hélas, [17] Nous allons à
Wittington. [18]

V

Range tes vêtements et tes plantes, et n'en fais plus. [19]
Bouge le bec du crackmas et la pointe plus basse avec ton idiot. et treine
pour moi, [22] Un gere bec dans ton gan. [23]

Comme ils faisaient ainsi la cour d'une manière étrange, arrive par hasard un
clapper-dudgeon [24] pour une pinte de bière, qui dès qu'il fut aperçu, ils
abandonnèrent leur poésie espiègle et se moquèrent des pauvres. maudire
ainsi.

<h2 style="text-align:center">VI</h2>

Le dugeon battant est dans le capitaine, [25]
Il n'ose pas sortir par honte, Mais quand il se gave, il bouge vers le gigger,
[26] Pourboire dans mon biais, bonne dame.

[1 : bonne femme, vagabonde] [2 : drap] [3 : manteau ; chemise; mendier] [4
: sac à main ; argent; sonne] [5 : homme bon] [6 : femme] [7 : partie dans sa
longue demeure] [8 : vagabonder et mendier] [9 : Notes] [10 : découvrir] [11 :
voleurs ; se rassembler; obtenir de l'argent] [12 : vendu le butin] [13 : aller à
la taverne] [14 : appelé le "Robin des Bois".] [15 : arrêté ?] [16 : tricher et
voler] [17 : magistrat] [18 : Newgate] [19 : Tiens ta mâchoire ! cachez-vous et
n'en dites pas plus] [20 : Notes] [21 : pendu ; choisissez un sac à main] [22 :
voler ; putain; pendre] [23 : Notes] [24 : Notes] [25 : mendiant ; grange] [26 :
sort ; va à la porte des gens : « Mets quelque chose dans mon portefeuille. »]

"UNE GAGE DE BEN ROM-BOUSE" [Notes] [1611]

[Par MIDDLETON et DEKKER dans " *The Roaring Girl* " V, 1. Chanté par
Moll-Cut-purse et *Tearcat* , un voyou intimidateur.]

Moll . Viens, voyou, chante avec moi :—

Un gage de ben Rom-bouse,[1]
Dans un bousing-ken de Rom-vile[2]

Larme . Est benar qu'un Caster,[3] Peck, pennam, lap, ou popler,[4] Que nous
broyons en deuse un vil.[5]

Moll . Oh, je libérerais tous les Lightmans,[6]
Oh, je libérerais tous les Darkemans,[7]Par les Salomon, sous les
Ruffemans[8]Par les Salomon dans les Hartmans[9]

Larme . Et parcourez l'étrange anneau de crampes[10]
Et détendez-vous jusqu'à ce qu'un palliard amarre mon dell,[11]Pour que
mon bousy nab puisse bien fausser la maison de Rome[12]Avast au pad,
laissez-nous bing;[13]Avast au pad, laissez-nous bing.

[1 Un pot de bière forte (ou de vin)] [2 Une brasserie de Londres] [3 Mieux
qu'un manteau] [4 De la viande, du pain, une boisson ou du porridge] [5 Voler

à la campagne.] [6 Mensonge toute la journée] [7 nuit] [8 Par la messe ! dans les bois] [9 ceps] [10 enchaînés] [11 Notes] [12 le pâté de bois peut boire une boisson forte] [13 Partons sur la route.]

"BING OUT, BIEN MORTS" [Notes] [1612]

[De *O per se O* , par THOMAS DEKKER].

Bing out, bien Morts, et toure, et toure,[1]
bing out, bien Morts, et toure ;[2] Car tous vos Duds sont bingd awaste,[3] le bien coue a la loure.[4]

* * * * *

je

J'ai rencontré une Dell, je la voyais bien,
elle était sous ma surveillance ; [6] Alors, elle et moi, nous avons calé et écoeuré, [7] tout ce que nous pouvions attraper. [8]

II

Ce Doxie Dell, peut couper de bons coups, [9]
et bien battre pour une victoire ; [10] Et le prig et le écoeurant avec tant de bienveillance, [11] toute la rosée-vile à l'intérieur. [12]

III

Le boyle était vp, nous avons eu de la chance,[13]
dans le gel, pour et dans la neige ;[14] Quand ils cherchaient, alors nous rampions,[15] et plantions dans les bas-fonds des grémilles.[16]

IV

To Stawling Kenne the Mort bings then,[17]
pour chercher du leurre pour ses tricheurs[18] Duds and Ruff-pecke, ruinés par Harmanbecke,[19] et gagnés grâce aux exploits de Mawnder.[20]

V

Vous tous, les Mawnders, rangez ce que vous avez mis de côté,[21]
à Rome, vous pouvez le surveiller si bien ;[22] Et vous wapping Dell, qui se moque bien,[23] et prend du loure pour son salaire.[24]

VI

Et Jvbe well Ierkt, tick rome-comfeck,[25]
pour backe by glimmar to mawnd,[26]Pour broyer chaque Ken, laissez-le coue bing alors,[27] à travers ruffemans, lague ou launde.[28]

VII

Jusqu'à ce que Cramprings soit plus disposé, donne un pourboire à Coue
pour son salaire,[29]
et que les quier-kens les attrapent ;[30] Un canniken, moulin quier
cuffen,[31] si désireux de regarder la montre de Ben Coue.[32]

VIII

Bein darkmans donc, bouse, mort, et ken [33]
le bien coue's bingd awast ; [34] De chat à trigone, par Rome-coues dîne
[35] pour sa longue libération enfin. [36]

* * * * *

Bingd out bien morts, et toure, et toure,[37]
bing out of the Rome-vile ; [38] Et parcourez la coue, qui porte vos
fringues, [39] sur les chates à trigone.

[1 Partez, bonnes femmes,] [2 et regardez autour de vous;] [3 Car tous vos
vêtements sont volés;] [4 et un bon garçon (un voleur intelligent) a l'argent.]
[5 J'ai rencontré une fille et la résumait,] [6 elle me convenait très bien] [7
Alors (rejoignant la compagnie) elle a regardé pendant que je volais] [8 tout
ce qui nous arrivait.] [9 Cette jeune pute peut mentir comme la vérité,] [10
forniquer vigoureusement pour un sou] [11 Et voler très astucieusement] [12
dans la campagne] [13 Quand la maison a été alarmée, nous avons eu de la
chance] [14 malgré le gel et la neige] [15 Quand ils nous cherchaient, nous
nous sommes cachés] [16 dans le bois.] [17 Dans une maison de réception
pour voleurs, la femme se rend] [18 pour obtenir de l'argent pour le butin—
] [19 Notes] [20 obtenu grâce à la dextérité d'un coquin.] [21 Vous, les
coquins, ne vous vantez pas de votre butin] [22 aux coquins qui ne sont pas
hétéros] [23 Ou faire confiance à une maîtresse, qui bien qu'elle [Notes]] [24
le fait contre rémunération.] [25 Avec un permis contrefait et de fausses
signatures [Notes]] [26 quant aux pertes par incendie] [27 Pour voler chaque
maison, qu'un homme aille] [28 à travers les haies, les fossés et les champs]
[29 Jusqu'à ce que les chaînes soient ses desserts] [30 et la prison est son
destin] [31 Une peste s'empare du magistrat !] [32 qui est si dur avec un coquin
intelligent] [33 Une bonne nuit alors à boire, fille et taverne—] [34 le pauvre
garçon est parti] [35 Sur la potence pour être pendu par des coquins trahis]
[36 à son long sommeil.] [37 Alors va, ma bonne femme] [38 hors de
Londres] [39 Et vois l'homme qui a volé tes vêtements] [40 sur la potence
suspendue.]

LA CHANSON DU MENDIANT [Notes] [1620]

[Extrait de *"Une description de l'amour"*, 6e éd. (1629)].

je

Je suis Rogue et un gros buveur,
un buveur très courageux, j'excelle, on le sait très bien, The Ratter, Tom et
Tinker. Je pleure toujours, bon votre culte, bon monsieur, accordez un petit
Denire, monsieur [1] Et brauely au bousing Ken [2] Il bouse tout à Beere,
monsieur. [3]

II

Si un Bung est obtenu par la loi hie, [4]
alors je les assiste directement, car si Hue et Crie suivent, je les envoie
bientôt dans le mauvais sens. Est-ce que je pleure encore, etc.

III

Dix milles vers un marché.
Je cours à la rencontre d'un avare, puis en foule, je mordille sa bonde, [5] et
la fête n'en est jamais plus sage. Est-ce que je pleure encore, etc.

IV

Mes délicats Dals, mes Doxis, [6]
Chaque fois qu'ils me verront manquer,
Sans délai, pauvres misérables, ils
feront emballer leurs Duds. [7] Je pleure encore, etc.V

Je paie pour ce que j'appelle,
et il doit en être ainsi, car pour l'instant je ne peux pas connaître l'homme,
ni Oastis, qui me fera confiance. Est-ce que je pleure encore, etc.

VI

Si quelqu'un me donne un logement,
un Knaue courtois me trouve, car dans leur lit, vivant ou mort, je laisse des
poux derrière moi. Est-ce que je pleure encore, etc.

VII

Si un Gentry Coue arrive, [8]
Alors c'est notre mode, j'attache ma jambe près de ma cuisse, pour l'amener
à la compassion. Est-ce que je pleure encore, etc.

VIII

Ma manche de pourpoint pend vide,
Et pour supplier les plus audacieux, Pour manger et boire mon bras, je
rétrécis, Vp près de mon épaule. Est-ce que je pleure encore, etc.

IX

Si un entraîneur ici gronde,
à mes béquilles alors je me hique, car étant boiteux, c'est une honte, de tels
galants devraient me refuser. Est-ce que je pleure encore, etc.

X

Avec un ventre apparemment éclaté,
j'ai l'air d'un demi-mort, Monsieur, Ou bien je mendie avec une jambe de
bois,
Et un bonnet de nuit sur la tête, Monsieur,
Je pleure encore, etc.

XI

En hiver, complètement nu,
je viens dans une ville, alors tous les hommes qui les épargnent le pourront,
me donneront des vêtements pour pittie. Est-ce que je pleure encore, etc.

XII

Si, de l'extérieur du pays bas, [9]
j'entends le nom d'un capitaine, monsieur, alors je me suis rendu compte
que j'avais un bac là-bas ; Et ainsi, au combat, il est devenu boiteux,
Monsieur. Est-ce que je pleure encore, etc.

XIII

Mon chien en ficelle me conduit,
quand je vais dans la ville, monsieur, car envers les aveugles, tous les
hommes sont bons, et leur Almes sera-t-il accordé, monsieur, je pleure
toujours, etc.

XIV

Avec des interrupteurs, je me tiens parfois,
au bas d'une colline, Monsieur, là ces hommes qui veulent un interrupteur,
de l'argent me donne encore, Monsieur. Est-ce que je pleure encore, etc.

XV

Venez acheter, venez acheter un Horne-booke,
qui achète mes épingles ou mes aiguilles ? Dans les villes, ces choses
pleurent, souvent pour échapper aux Beadles. Est-ce que je pleure encore,
etc.

XVI

Dans l'église Pauls près d'un pilier ; [10]
Parfois, vous me voyez debout, Monsieur, Avec un écrit qui montre quels
soucis et quels malheurs

j'ai passés par mer et par terre, Monsieur.
Est-ce que je pleure encore, etc.

XVIIIe

Maintenant, ne me blâmez pas de me vanter,
et de me vanter ainsi seul, monsieur, pour moi-même, je prierai encore, car
je n'ai pas de voisins, monsieur. Ce qui me fait pleurer, etc.

[1 : penny] [2 : brasserie] [3 : boisson] [4 : sac à main ; Notes] [5 : voler son
sac à main] [6 : filles ; putes] [7 : mettre leurs vêtements en gage] [8 :
gentleman] [9 : Notes] [10 : Notes]

* * * * *

L'INITIATION DE MAUNDER [Notes] [1622]

[De *The Beggars Bush* de JOHN FLETCHER ; également dans *The New
Canting Dict* :—"Chanté sur l'élection d'un nouveau damber dimber, ou roi
des gitans"].

je

Jetez vos pinces et vos soucis,
C'est la fête des maunders : [1] Dans le monde, regardez et voyez, Où un
roi aussi béni que lui *(Montrant le prince nouvellement élu.)*

II

Au couronnement de notre roi,
C'est ainsi que nous dansons et chantons toujours : Où est la nation qui vit
si libre, Et si joyeusement que nous ?

III

Que ce soit la paix ou la guerre,
nous sommes ici en liberté : suspendez tous les harmanbecks, nous crions,
[2] Nous, les manchettes, que devons défier. [3]

IV

Nous jouissons de notre aisance et de notre repos,
Aux champs nous ne sommes pas pressés : Et quand les impôts
augmentent, Nous ne sommes pas sapés d'un sou.

V

Personne non plus n'ira en justice,
Avec un maunder pour paille, Tout le bonheur qu'il se vante, N'est dû qu'à
ses haillons.

"Maintenant, jure-le"—

Je couronne ta nab avec une jauge de ben bouse, [4]
et je te cale près du saumon en clows, [5] pour maund sur le pad et frappe
tous les tricheurs, [6] pour moudre des Ruffmans, Commission, et ardoises,
[7]Twang dells i' th' Stiromel, et laissez le Quire CuffinAnd Harman Beck
strine et trigone au ruffin. [8]

[1 : mendiant] [2 : constables] [3 : magistrats] [4 : je verse sur ton pâté un
pot de bonne bière] [5 : et t'installe, par serment, un coquin] [6 : mendier en
passant , volez à tous,] [7 : Volez la haie de la chemise et du drap,] [8 :
Couchez-vous avec les filles sur la paille, que tous les magistrats et
connétables aillent au diable et soient pendus !]

LA VANTÉ DU HIGH PAD [*b* . 1625]

[Attribué à JOHN FLETCHER—une chanson tirée d'une collection de
ballades en lettres noires. Également dans *New Canting Dict* . 1725.]

je

Je garde mon cheval ; Je garde ma pute ;
Je ne prends aucun loyer ; pourtant je ne suis pas pauvre ; je parcours tout
le pays, et pourtant je suis né pour ne pas avoir un pied.

II

Avec des perdrix dodues et des bécasses belles,
A minuit, je dîne souvent : Et si ma putain n'est pas au cas, [1] La fille de
mon hôtesse a sa place.

III

Les servantes s'assoient et regardent leur tour ;
Si je reste longtemps, le marchand pleure ; la cuisinière n'a pas non plus
envie de pécher, même si elle est tentée par le chambellan.

IV

Mais quand je frappe, ô comme ils s'affairent ;
Le vagabond bâille, les hongres se contentent : Si la servante est endormie,
oh comme ils la maudissent ; Et tout cela vient, de : *Délivrez votre bourse,
monsieur.*

[1 : dans la maison]

LES JOYEUX Mendiants [Notes] [1641]

[De *A Jovial Crew* , par RICHARD BROME. Les mendiants découverts lors de leur fête. Après qu'ils se soient précipités un moment pour faire leurs provisions : cette chanson].

je

Ici en sécurité dans notre Skipper, quittons notre Peck, [1]
et inclinons-nous au mépris du Harman Beck. [2]Voici Pannam et Lap, et les bons peupliers de Yarrum, [3]Pour remplir la Crèche et pour réconforter le Quarron. [4] Maintenant, saluez une santé ronde devant le Go-well et le Corn-well, [5] De Cisley Bumtrincket qui se trouve dans le Strummel ; [6]

II

Voici Ruffpeck et Casson, et tous les meilleurs, [7]
Et Scrape of the Dainties of Gentry Cofe's Feast [8] Voici Grunter et Bleater, avec Tib-of-the-Buttry, [9] Et Margery Prater, tous habillés. d sans salope. [10]Pour tout cela, bene Cribbing et Peck, saluons donc la santé du Gentry Cofe du Ken. [12]Maintenant, saluez la santé du Go-well et du Corn-well [13]De Cisley Bumtrincket qui se trouve dans le Strummel. [14]

[1 : En sécurité dans notre grange, mangeons] [2 : Et buvons sans crainte du connétable !] [3 : Voici du pain, de la boisson et de la bouillie de lait] [4 : Pour remplir le ventre et réconforter le corps.] [5 : Buvez une bonne santé [Notes]] [6 : À Cisley Bumtrincket allongé dans la paille] [7 : Voici du bacon et du fromage] [8 : Et des restes de la table de monsieur] [9 : Voici du porc, du mouton, de l'oie,] [10 : Et du poulet, le tout bien cuit.] [11 : Pour cette bonne nourriture et cette bonne viande, laissez-nous] [12 : Buvons à la santé de monsieur et] [13 : Puis buvons un pare-chocs] [14 : à Cisley Bumtrincket.]

LA CHANSON À BOIRE D'UN MORT [Notes] [1641]

[Tiré de *A Jovial Crew* , de RICHARD BROME : Entrez Patrico avec sa vieille femme avec un bol de boisson en bois. Elle est ivre. Elle chante:-]

je

C'est bien bowse, c'est bien bowse, [1]
Trop peu est mon Skew. [2]Je ne m'incline pas, mais tout un gage. [3] Je m'incline devant toi.

II

Ce bowse vaut mieux que rom-bowse, [4]
Il fait rire le gan, [5] L'autum-mort trouve un meilleur sport [6] En
s'inclinant qu'en niquant. [7] C'est bien bowse, etc.

[*Elle jette son bol, retombe et est emportée* .]

[1 : bière forte] [2 : tasse ou plateau] [3 : eau ; pot] [4 : vin] [5 : bouche] [6 :
femme] [7 : forniquer]

"Je serai un mendiant" [Notes] [1660—1663]

[Une ballade en lettres noires]

Je
serai un mendiant, un mendiant, un mendiant. Il n'y a personne qui mène
une vie plus joyeuse que lui ; Un mendiant j'étais, et un mendiant je suis, un
mendiant je serai, d'un mendiant je suis issu ; Si, au début, notre commerce
chute, nous, en conclusion, serons tous des mendiants. Les commerçants
sont malheureux dans leurs affaires, et peu d'hommes prospèrent à part les
courtisans et les joueurs.

II

Un Craver mon père, un Maunder ma mère,
un Filer ma sœur, un Filcher mon frère, un Galop mon oncle, qui ne se
souciait pas de Pelf, un Lifter ma tante et un mendiant moi-même ; En
paille de blé blanc, quand leurs ventres étaient pleins, alors j'étais entre un
bricoleur et un trull. Et donc un mendiant, un mendiant je serai, car
personne ne vit une vie plus joyeuse que lui.

III

Pour de si jolis engagements, comme Lullies from Hedges. [2]
Nous n'avons pas peur d'être tirés sur des traîneaux,
mais parfois le fouet nous fait sauter
et alors nous trébuchons de Tything en Tything ; Mais quand, dans un
pauvre ivresse, pouvons-nous le faire, [3] Nous avons plus peur des ceps
que du gibet. C'est pourquoi je serai un joyeux mendiant fou, car quand il
fera nuit dans la grange, il tombera.

IV

Nous ne renversons aucun autel, et nous ne faiblissons jamais,
au point de changer une chaîne en or pour un licou ; Bien que certains
hommes se moquent de nous et que d'autres doutent de nous, nous portons
généralement quarante pièces sur nous ; Mais beaucoup de bons gars sont
beaux et ont l'air plus féroces, et doivent leurs vêtements aux Taylor et aux
Mercer : et si je garde mes pieds à l'écart des Harmans, [4] je ne crains ni le
Compter, ni le banc du roi, ni la flotte. [5]

<h1 style="text-align:center">V</h1>

Parfois, je me considère comme boiteux,
et quand un entraîneur arrive, je saute à mon jeu ; Nous faisons rarement
des fausses couches, ou ne nous marions jamais, par la robe, la prière
commune ou le répertoire des manteaux ; Mais Simon et Susan, comme les
oiseaux d'une plume, s'embrassent, rient et se mélangent ainsi ; [6] Comme
des cochons dans un petit pois, ils restent emmêlés jusqu'à ce qu'ils
engendrent un coquin aussi audacieux que moi.

<h1 style="text-align:center">VI</h1>

Lorsque des garçons viennent à nous et que leur intention est
de suivre notre appel, nous ne les lions jamais à Prentice ; Dès qu'ils y
arrivent, nous leur apprenons à le faire, et leur donnons en plus un bâton et
un portefeuille ; Nous leur apprenons leur Lingua, à implorer et à ne pas
pouvoir, [7] Le Diable est en eux s'ils le veulent. Et celui ou elle, qui sera un
mendiant, sera libéré sans aucun contrat.

<h1 style="text-align:center">VII</h1>

Nous mendions notre pain, et pourtant cela arrive parfois
Nous le jeûnons avec du cochon, de la poulette, du lapin et des chapons
Les affaires de l'Église, nous ne sommes pas des tueurs d'hommes, nous
n'avons pas de religion, mais nous vivons par nos prières ; Mais si, lorsque
nous implorons, les hommes ne tirent pas leur bourse,
nous chargeons et donnons du feu avec une volée de malédictions ;
Le diable confondra votre bon culte, crions-nous, et je suis un mendiant si
audacieux et au visage effronté.

<h1 style="text-align:center">VIII</h1>

Nous faisons les choses à temps et avons tellement de raison que
nous ne soulevons aucune rébellion et ne parlons jamais de trahison ; Nous
facturons tous nos compagnons à des tarifs très bas, tandis que certains
maintiennent leurs trimestres à la hauteur du sort ; Avec Shinkin-ap-
Morgan, avec Blue-cap ou Teague, [8] Nous n'entrons dans aucune
Covenant, ni dans la Ligue. Et c'est pourquoi je serai un joli mendiant
audacieux, car personne ne vit une vie plus joyeuse que lui.

[1 Notes] [2 linge mouillé] [3 brasserie] [4 stocks] [5 Notes] [6 Notes] [7
crépitements de mendiant] [8 Notes]

UNE CHANSON BUDG ET SNUDG [Notes] [1676 et 1712]

[Tiré d' *un avertissement pour les femmes de ménage* … par quelqu'un qui était
prisonnier à Newgate 1676. La deuxième version du *Triomphe de l'esprit*
(1712)].

je

Le bourgeon c'est un métier délicat, [1]
Et un métier délicat de renommée ; Car quand nous avons mordu le sang,
[2] Nous emportons le gibier : Mais si les cullys nous font une sieste, [3] Et
les lurries de nous prenons, [4]O alors {ils nous frottent} {il nous frotte}
jusqu'au bout [5] {Et cela ne vaut guère } {Bien que nous ne valions pas} la
peine [6]

II

{Mais} {Et} quand nous arrivons à ce que
nous voulons voir, [7]Et pour (prendre notre pénitence)(faire pénitence là-
bas) {Et} {Nous} buvons l'eau froide. [8] Mais quand nous sortons Agen
[Et le joyeux plouc que nous rencontrons] [9] Nous (mordons le Cully de;
filons avec) son chou [10] Pendant que (nous marchons; il pique) le long de
la rue.

III

[Et quand cela nous l'avons rempli [11]
Peut-être d'un demi-travail ; [12]
Alors chacun va au boozin ken. [13]
O là pour clôturer son porc ; [14]Mais si les coupables nous font une sieste,
Et une fois de plus nous nous retrouvons dans les anneaux de crampes],
[15] (Mais on nous frotte dessus; Pour les récurer) le blanc.

IV

Et quand nous en arrivons au but, c'est
pour la garniture qu'ils crient ; [16] (Marie, putain, fils de putain ; nous
promettons à nos vigoureux camarades) (vous ; eux) l'auront tout à l'heure
[puis, chacun avec sa mort à la main, [17] boit-il son pouvons et nous
séparer, avec un baiser nous nous séparons, et nous nous tenons vers
l'ouest, vers le tricheur qui se sent dans un chariot]. [18]

V

{Mais/Et} quand {que/——} nous arrivons à {Tyburn/le tricheur
nubbing}
Pour {continuer/courir} le bourgeon, Il y a {Jack Catch/Jack Ketch}, ce
fils de {pute/ salope}, [19] Cela nous doit à tous une rancune. {Et/Pour}
quand il nous a {noosed/nubbed}, [20] Et nos amis {tips/tip} lui pas de
cole, [21]{O alors il nous jette dans la charrette/Il prend sa ciboulette et
nous coupe}, [22] Et nous {fait tomber/renverse} dans {le/un} trou.

[Une strophe supplémentaire est donnée dans *Bacchus et Vénus* (1737),
version qui contient d'ailleurs de nombreuses variations verbales]. [23]

VI

Mais si nous avons un ami à nos côtés,
six et huit deniers à payer, alors ils pourront récupérer nos corps et nous
emporter tout à fait : car à St Giles ou à St Martin, il y a toujours un lieu de
sépulture ; et c'est la fin de le bourgeon d'un homme noir, et le fils putain a
sa volonté.

[1 : Se faufiler dans les maisons et voler tout ce qui était sous la main] [2 : Vol
accompli] [3 : des camarades attrapés] [4 butin [correctement de l'argent]] [5 :
emmenez-nous à Newgate ; [Notes]] [6 : un demi-penny] [7 : entraves] [8 :
boisson] [9 : compatriote] [10 : voler son argent] [11 : volé] [12 : une demi-
guinée] [13 : brasserie] [14 : dépenser un shilling] [15 : Menottes et chaînes
aux jambes] [16 : "pied"] [17 : putain] [18 : potence] [19 : Notes] [20 : pendu]
[21 : ne pas donner d'argent] [22 : couteau] [23 : Notes]

L'ÉLOGE DU MAUNDER SUR SON MORT STROWLING [Notes]
[1707]

[Extrait *du Triomphe de l'esprit*, par J. SHIRLEY : « la chanson du roi des gitans,
faite sur sa bien-aimée Doxy, ou maîtresse ; » également dans *le nouveau régime
Canting* . (1725)].

je

Doxy, oh ! tes vitriers brillent [1]
Comme une lueur ; par le Salomon ! [2] Aucune mort de noblesse n'a des
imbéciles comme les tiens, [3] Aucune crique n'a jamais été entourée d'un
tel homme. [4]

II

Blanc tes fambles, rouge ton gan, [5]
Et tes quarrons sont délicats ; [6] Couchez-vous alors avec moi, [7] Et dans
l'obscurité, coupez et embrassez. [8]

III

Quoique je ne porte pas de togeman, [9]
Ni de commission, ni de mish, ni d'ardoise ; [10]Nous aurons ici un
magasin de strammel, [11] Et avec skipper lib en état. [12]

IV

Wapping tu, je le sais, aime, [13]
Sinon le ruffin cly la mort; [14]Enlève donc de tes tampons, [15]Tes tiroirs,
et faisons du sport. [16]

V

Quand l'homme de lumière appelle, [17]
Margery bavarde depuis son nid, [18] Et son Cackling triche avec, [19] Dans un ken arrosé, nous nous régalerons. [20]

VI

Là, si nous voulons; Je vais broyer [21]
Une jauge, ou pincer pour toi une bonde ; [22]
Tu boiras de l'alcool au rhum à ta faim, [23]
Et tu écraseras un tricheur grognant qui est jeune. [24]

[1 maîtresse; yeux] [2 feu; masse] [3 dame; [Notes]] [4 [Notes]] [5 mains ; bouche] [6 corps] [7 sommeil] [8 nuit; [Notes]] [9 manteau] [10 chemise ou drap] [11 paille] [12 dans la grange; mentir] [13 Notes] [14 le diable prendrait la femme autrement] [15 pieds] [16 bas; se réjouir] [17 lumière du jour] [18 poules] [19 poulets] [20 brasserie] [21 Argent ; voler] [22 pot; voler une bourse] [23 vin; boire] [24 manger; cochon]

L'ÉLOGE DU RUM-MORT DE SON MAUNDER INFIDÈLE [Notes] [1707]

[Tiré de *The Triumph of Wit* , par J. Shirley : également dans *New Canting Dict.*].

je

Maintenant mon kinching-cove est parti, [1]
Par le rhum-pad, personne ne maundeth, [2] Quarrons à la fois pour le moignon et l'os, [3] Comme mon clapperdogeon. [4]

II

Dimber damber, porte-toi bien, [5]
Tu as excellé dans tous les Palliards, [6] Et ton jockum portait la cloche, [7] La lueur n'y tombait jamais. [8]

III

Toi, les crampons, tu n'as jamais eu de scowre, [9]
Harmans n'avait aucun pouvoir sur toi, [10] Harmanbecks n'a jamais tourné ; [11] Pour toi, les tiroirs avaient encore de l'attrait. [12]

IV

Tu as souvent gagné des ratés et des tricheurs, [13]
Pourtant, le cahier de manchettes pouvait les éviter ; [14] Et la Deuseaville s'est enfuie, [15] Autrement, les châteaux t'auraient détruit. [16]

V

Tu pourrais jouer de la manivelle et du dommerar, [17]
ou du rhum-maunder en un jour, et comme une anse d'Abram tu pourrais
prier, mais passer avec des empannages bien saccadés.

VI

Quand les hommes noirs ont été mouillés, [18]
Toi, les crackmans, tu as battu [19] Pour une lueur, tandis qu'un tricheur
tremblant, [20] Ou tib-o'-th'-buttry était notre viande. [21]

VII

Je ne pouvais donc pas manquer de jarrets rouges, [22]
La collerette était toujours accrochée à mon dos, [23] Grannam a toujours
rempli mon sac, [24] Avec des genoux et des peupliers tenus, je vire de
bord. [25]

VIII

À ton bugher et à ton biais, [26]
Rusard et empannages, je dis adieu, [27] Bien que ton togeman ne soit pas
nouveau, [28] En cela, le coquin pour moi était vrai.

[1 : petit homme] [2 : autoroute ; engendre] [3 : corps] [4 : Notes] [5 : Notes]
[6 : Notes] [7 : Notes] [8 : Notes] [9 : entraves ; porter] [10 : stocks] [11 :
agents, regardez] [12 : poches ; argent] [13 : vêtements ; pillage général] [14 :
magistrat] [15 : pays] [16 : potence] [17 : Notes] [18 : nuit] [19 : haie] [20 : feu,
canard] [21 : oie] [22 : dinde] [23 : bacon] [24 : maïs] [25 : tout potable ;
bouillie] [26 : chien ; plat en bois] [27 : crochet ; faux laissez-passer] [28 : cape]

LE PROCESSION NOIRE [Notes] [1712]

[Extrait *du Triomphe de l'esprit*, par J. SHIRLEY : — « Les vingt artisans, décrits
par le célèbre voleur-preneur Jonathan Wild »].

Bonnes gens, prêtez l'oreille pendant que je raconte l'histoire
de vingt commerçants noirs qui ont été élevés en enfer, exprès pour priver
les pauvres de leur dû; personne ne sera endormi si vous n'en trouvez qu'un
seul vrai. [1]Le premier était un monnayeur qui tamponnait dans un moule;
Le second un bon pour étaler son or, [2]Tourez-vous bien; écoutez-vous
bien, voyez [3] Où ils sont frottés, [4] Jusqu'au tricheur nubbing où ils sont
nubb'd. [5]

II

Le troisième était un padder tombé en ruine, [6]
qui pillait sur les routes ; pauvre,
Le cinquième était un vitrier qui, lorsqu'il s'introduit, [8]

Pincer tout le lurry, il pense que ce n'est pas un péché. [9] Toure-toi bien, etc.

III

Le sixième est un file-cly que personne n'épargne,
le septième un mouvement à suivre doucement à l'étage ; [11] Le huitième est un gros, qui peut encombrer n'importe quel hick, [12] Si le maître est attrapé, alors le gros il est malade, Le neuvième est un pêcheur à la ligne, pour soulever une grille, [13] S'il ne voit que le lancez ses hameçons, il appâtera. Toure-toi bien, etc.

IV

Le dixième est un ascenseur qui transporte un Bob,
quand il parcourt la ville, les magasins pour voler. Le onzième est un bubber, très utilisé ces derniers temps; qui va à la brasserie et vole toute leur assiette, le douzième est un beau-trap, s'il rencontre un abattage, il mordille tout son cole et le met dans la rue. Toure-toi bien, etc.

V

Le treizième c'est une fable, de fausses bagues pour vendre, [17]
Quand une foule aura mordu son cole, il le dira; Le quatorzième, un joueur, s'il voit le bonbon de réforme [18] Il laisse tomber un rouage dans la rue. ; [19] Le quinzième est un cabriolet dont le courage est petit. [20] S'ils le surprennent en train de courir à cheval, il est endormi une fois pour toutes. [21] Touré bien, etc.

VI

Le seizième est un marchand de moutons, dont le métier est si profond, [22]
S'il est pris dans le maïs, il est marqué pour un mouton. [23] Le dix-septième est un dunaker, qui fait vaillamment des vœux, [24] Pour aller à la campagne et voler toutes les vaches ; le dix-huitième, un chevreau, qui anime les jeunes hommes, même s'il leur donne un brochet, ils le font souvent encore une sieste. Toure-toi bien, etc.

VII

Le dix-neuvième est un ricaneur qui nuit
aux pauvres campagnes et pille les fermes ; [26]
Il vole toutes leurs volailles et considère que ce n'est pas un péché.
Quand il entre dans le poulailler pendant la nuit, le vingtième est un chasseur de voleurs, ainsi nous l'appelons : qui, s'il est attrapé, le fera être fait payer pour tous. Toure-toi bien, etc.

[dans *Bacchus et Vénus* (1737), une strophe supplémentaire est donnée :—]

VIII

Il y a bien d'autres artisans que je pourrais nommer ici, [27]
qui exercent des métiers semblables, abandonnés par la honte ; au nombre
de plus de trois-vingts au total, qui mettent leur corps en danger et mettent
leur âme en danger ; encore; bien que de bons ouvriers, soient rarement
libérés, jusqu'à ce qu'ils montent dans une charrette et soient noozés sur un
arbre. Tournez-vous bien, écoutez-vous bien, voyez où ils sont frottés,
jusqu'au tricheur qui vous pique, où ils sont nubb' d.

[1 : accroché] [2 : passeur de la pièce de base] [3 : Regardez ! soyez sur vos
gardes] [4 : pris] [5 : potence : pendue] [6 : clochard ou sabot.] [7 :
cambrioleur] [8 : voleur de fenêtre] [9 : objets de valeur] [10 : pickpocket ;
homme ou idiot] [11 : voleur furtif] [12 : complice qui se bouscule pendant
qu'un autre vole : compatriote] [13 : voleur qui accroche des marchandises
aux vitrines] [14 : voleur de pub] [15 : astuce de confiance homme; imbécile
de bonne humeur] [16 : vole tout son argent] [17 : Notes] [18 : une dupe
facile] [19 : un leurre] [20 : voleur de chevaux] [21 : pendu] [22 : voleur de
moutons] [23 : comme un duffer] [24 : leveur de bétail] [25 : voleur de
volailles] [26 : des rustres] [27 : membres du Canting Crew]

LA CHANSON DE FRISKY MOLL [1724]

[Par J. HARPER, et chanté par Frisky Moll dans *Harlequin
Sheppard de JOHN THURMOND* produit au Drury Lane Theatre].

jc

Des piggs qui mordent les caravaneurs forts, [1]
À vous du *Peter* Lay, [2]
Je prie maintenant, écoutez un moment ma chanson, Comment mon *Boman*
il a donné un coup de pied. [3]

II

Il a brisé tous les débris en entier, [4]
et a coupé ses darbies en deux ; [5] Mais dépôt d'un rumbo ken, [6] Mon
Boman est à nouveau arraché. [7]

III

Je *Frisky Moll*, avec mon rhum coll, [8]
Wou'd Grub dans un ken bowzing ; [9] Mais avant le scan, il avait renversé
le cole, [10] Il entra dans le *Harman*. *[11]*

IV

Une famble, un bavardage et deux popps, [12]
a eu mon *Boman* quand il a été pris ;

Mais s'il n'avait pas bouzidé dans les magasins de diddle, [13] il aurait toujours été à Drury-Lane.

[1 : voler des chevaux] [2 : voleurs de calèches] [3 : homme de fantaisie ou amoureux] [4 : obstacles ; Newgate] [5 : couper les chaînes] [6 : s'introduire par effraction chez un prêteur sur gages] [7 : emprisonné] [8 : homme bon] [9 : manger ; brasserie] [10 : rafraîchissements ; payé] [11 : gendarme] [12 sonnerie ; montre; pistolets] [13 gin-shops]

LA SÉRÉNADE DU CANTER [Notes] [1725]

[extrait *du New Canting Dictionary* :—"Chanté tôt le matin, aux portes de la grange où leurs doxies ont reposé pendant la nuit"].

je

Vous, morts et vous dells [1]
Sortez de vos cellules, et charmez toutes les palliards autour de vous ; [2]
Ici, les oiseaux de toutes plumes, À travers les routes profondes et par tous les temps, Sont rassemblés pour vous vanter.

II

Avec des visages de noyer,
Et de vessie et de petit intestin, Nous sommes venus gratter et chanter pour vous réveiller ; Levez-vous, secouez votre paille, Et préparez-vous chaque gueule [3] À embrasser, manger et boire jusqu'à ce que vous soyez en forme. [4]

[1 : femmes ; filles] [2 : mendiants [Notes]] [3 : bouche] [4 : ivre,]

"RETOUR MON CHER DELL" [Notes] [1725]

[Extrait *du nouveau dictionnaire Canting*]

je

Chaque homme sombre que je passe dans un vieux bosquet ombragé, [1] Et je ne vis pas les hommes clairs, je ne vante pas mon amour, [2] Je surtoute chaque promenade que nous avions l'habitude de faire, [3] Et je me couche en pleurant et j'embrasse le herbe froide : [4] Je crie sur ma mort pour plaindre ma douleur, Et tous nos caprices se souviennent encore.

II

Savais-tu, ma chère doxy, que la moitié de la puce
qui s'est emparée de mon panter depuis ton départ ; [6] N'as-tu entendu que

mes soupirs, mes plaintes et mes gémissements, Tu reviendrais sûrement et plaindrais mes gémissements : [7] Tu me donnerais un nouveau plaisir pour toutes mes douleurs passées, Et je me réjouirais à nouveau dans tes vitriers .
[8]

III

Mais hélas! j'ai peur que le faux *Patri-coe* [9]
récolte ces transports qui ne sont que mon dû : Retour, mon cher doxy, oh, encore une fois retour, Et je ferai tout ce qui est en mon pouvoir pour te plaire : Alors sois gentil, mon cher Dell, et plains ma douleur, et laisse-moi encore une fois vanter tes vitriers.

IV

Tu dîneras tous les jours de jarrets rouges et de tibs, [10]
Et si jamais mon sort était dur de trigoniser, [11] Je ne sifflerai jamais, je ne crierai jamais, [12] Ni pour sauver mon colquarron, je ne mettrai en danger ton cou, [13] Alors encore une fois, mon doxy, sois gentil et reviens, et tu ne voudras rien de ce qui est en mon pouvoir.

[1 : nuit] [2 : jour ; voir] [3 : savoir bien] [4 : mensonge] [5 : maîtresse] [6 : cœur] [7 : retour] [8 : yeux] [9 : prêtre des haies] [10 : dinde ; oies] [11 : suspendre] [12 : parler] [13 : cou]

LE VAIN RÊVEUR. [Remarques] [1725]

[Extrait *du nouveau dictionnaire Canting*].

Oui
, les hommes noirs ont rêvé de mon vallon, [1] Quand le sommeil l'a rattrapée ; C'était une mort sombre et somnolente, [2] Elle dormait, je n'osais pas la réveiller.

II

Ses bras étaient comme le rouge corail, [3]
Mille fois je les ai embrassés ; J'aurais pu en dérober mille autres. [4] Elle n'aurait jamais pu les manquer.

III

Son stramel, bouclé comme des fils d'or, [5]
pendait au-dessus de l'oreiller ; C'est vraiment dommage que ce soit celui-là qui soit si primitif, qu'il doive un jour porter le saule.

IV

J'ai baissé la latte de Lilly, [6]
J'ai cru qu'elle tombait en criant, Cela m'a surpris ; Je me suis réveillé tout
de suite, et je me suis retrouvé en train de rêver.

[1 : soirée] [2 : jolie] [3 : lèvres] [4 : volée] [5 : cheveux] [6 : drap blanc]

"Quand mon DIMBER DELL j'ai courtisé" [Notes] [1725]

[Extrait *du nouveau dictionnaire Canting*],

je

Quand j'ai courtisé mon sombre Dell [1]
Elle avait aussi la jeunesse et la beauté, Les joies dévergondées ont
transporté mon cœur, Et son wap était toujours nouveau. [2] Mais le temps
vainqueur la trompe maintenant, ce que ses plaisirs soutenaient ; Tous ses
battements doivent maintenant la quitter, Car, hélas ! mon Dell est vieux.

II

Ses mouvements insensés qui invitaient :
Maintenant, hélas ! ne charme plus, Ses vitriers aussi sont tout à fait
aveugles, [3] Et aucune étoile de merde ne peut charmer non plus. Pour
conquérir le temps, hélas ! la trompe Ce que ses triomphes ont soutenu, Et
toute beauté émouvante la quitte Hélas ! mon Dell sombre est devenu
vieux.

III

Il fut un temps où aucun abattage ne pouvait la vanter, [4]
mais il était sûr d'être défait : l'homme honnête ne pouvait pas non plus
vivre sans elle, [5] elle triomphait de tout le monde. Mais le temps
conquérant la trompe maintenant, que ses sports nous auraient voulu
soutenir, toutes ses dames amoureuses la quittent, car, hélas ! le Dell est
vieux.

IV

Tout ton réconfort, sombre vallon,
est, maintenant, depuis que tu as perdu ton apogée, que chaque abattage
peut bien témoigner, tu n'as pas abusé de ton temps. Il n'y a pas un seul âne
ou palliard vivant qui n'ait été ton esclave enrôlé. Alors réconforte ton
esprit et cesse de t'affliger ; Tu as eu ton temps, même si tu es maintenant
vieux.

[1 : jolie fille] [2 : Notes] [3 : yeux] [4 : homme ; regarder] [5 : Notes]

LE SERMENT DE L'ÉQUIPAGE CANTING [Notes] [1749]

[Tiré de *La vie de Bampfylde Moore Carew* , par ROBERT GOADBY].

Moi, Crank Cuffin, jure d'être [1]
fidèle à cette fraternité ; [2]Ne jamais balancer sur les fesses ou sur le bec ;
[3] Mais maintenez religieusement l'autorité de ceux qui règnent sur le vert
de l'abbaye de Stop Hole, [4] Soyez leur roi ou leur reine fauve. Dans leur
seule cause se battra; Pensez à ce qu'ils pensent, faux ou juste; Servez-les
véritablement, et aucun autre, Et sois fidèle à mon frère ; ne souffre
personne, de loin ou de près, avec leurs droits d'intervenir ; aucun Abram
étrange, crack ruffler, [5] talonneur d'une autre meute, voyou ou coquin,
frater, maunderer, [6]
jouet irlandais, ou autre vagabond ; [7]
Pas de dimber, dambler, pêcheur à la ligne, danseur,Prig de cackler, prig de
prancer;Pas de swigman, swaddler, clapper-dudgeon;Cadge-gloak, curtal ou
curmudgeon;Pas de whip-jack, palliard, patrico;Pas de jarkman, qu'il soit
haut ou bas ; Pas de dummerar, ni de romani ; Aucun membre de la famille
; Pas de panier de ballade, pas de tampon rebondissant, Ni aucun autre, je
souffrirai ; ce qui précède, alors peut-être m'aider Salamon ! [À la messe !]

[1 : Notes] [2 : révéler des secrets] [3 : trahir à un huissier ou un magistrat]
[4 : Notes] [5 : Notes] [6 : Notes ; mendiant] [7 : Notes]

VENEZ TOUS, VOUS TAMPONS GAY [Notes] [1760]

[De *L'humoriste* .... une collection de chansons de choix. «Une nouvelle
chanson flash», p. 2].

je

Venez tous, vous les tampons gays, [1]
Qui remplissent la ville, [2] Venez écouter ce que je dis, Et cela vous rendra
merveilleux avec l'esprit.

II

Les praps sont à Drury Lane,
et à Covent Garden aussi, c'est pourquoi je vous le dis clairement, il ne sera
pas prudent d'y aller.

III

Mais si après une récolte de rhum vous pad [3]
Je vous en prie, suivez-le courageux et audacieux ; Pour beaucoup, un
tampon a été saisi, Par peur, comme on me l'a dit.

IV

Laissez votre ami qui vous suit
vous donner un pourboire très bientôt ;

Et de frapper son fouet à temps, [4]
De peur que l'abattage ne soit réduit. [5]

V

Car si l'abattage devait être réduit.
Et je t'attraperai en train de classer son sac, [6] Puis à Old Bailey tu es
trouvé, Et bon sang, il te donnera un pourboire pour le décalage. [7]

VI

Mais si vous giflez sa fidèle lingette, [8]
Alors vous pourrez vous éloigner de la clôture, [9] De là jusqu'à la
connaissance d'un T… [10] Où vous pourrez couler à pleines pare-chocs.

VII

Mais maintenant j'ai fini mon rime,
et il faut que vous preniez congé ; je voudrais que vous partiez à temps,
sinon ils feront saigner vos pauvres cœurs.

[1 : voyou ou voleur de chevaux] [2 : rôder] [3 : victime bien habillée ;
marcher] [4 : donner le signal au confédéré] [5 : Notes] [6 : voler] [7 : vous
faire transporter] [8 : voler ; mouchoir] [9 : recel de biens volés] [10 :
maison]

L'HOMME À LA POMME DE TERRE [Notes] [1775]

[extrait *du concert Ranelaugh* … une collection de choix des chansons les plus
récentes chantées dans tous les lieux de divertissement publics].

je

Je suis une lame roulante impertinente, [1]
Je n'ai peur ni de l'humidité ni de la sécheresse, je garde un âne pour mon
métier, et dans les rues je crie *Chorus* . Et ce sont toutes des pommes de
terre rares !
Et ils le sont, etc.

II

Je tiens un moll qui vend de beaux fruits, [2]
Personne n'en apporte plus ; [3] Elle a tout ce qui convient aux saisons,
Pendant que mes pommes de terre pleurent. *Refrain* . Et ils tous, etc.

III

Un garçon de liaison une fois que j'ai tenu le bâillon, [4]
À Charing Cross, j'ai plié, Voici la lumière de votre honneur pour un
magazine, [5] Mais maintenant mes pommes de terre pleurent. *Refrain.* Et ils
tous, etc.

IV

Avec un œil d'oiseau bleu autour de mon squeeg, [6]
Et une chemise à carreaux sur le dos, [7] Une paire de grosses cales dans mes sabots, Et une peau cirée autour de mon chapeau. *Refrain.* Et ils tous, etc.

V

J'appâterai un taureau ou je combattrai un coq,
Ou des pigeons je volerai ; je suis à la hauteur de tous vos gréements savants [8] Pendant que mes pommes de terre pleurent. *Refrain.* Et ils tous, etc.

VI

Il y a cinq livres, deux pence, un poids honnête.
Ta propre balance prend et essaie ; Pour les abattages grignotants, je déteste toujours, [9] Et je pleure en toute sécurité. *Refrain.* Et ils tous, etc.

[1 : camarade] [2 : maîtresse] [3 : argent ; Notes] [4 : crier] [5 : demi-penny] [6 : mouchoir] [7 : Notes ; cou.] [8 : astuces intelligentes] [9 : croupiers tricheurs]

UN ARgot PASTORAL [Notes] [1780]

[Par R. TOMLINSON :—une parodie d'un poème du Dr Byrom, "Mon temps, ô vous muses, a été joyeusement dépensé"].

je

Mon temps, ô vous les enfants, était joyeusement dépensé, [1]
Quand Nancy m'accompagnait partout où j'allais ; [2] Nous avons prouvé dix mille douces joies chaque nuit ; certes, jamais un pauvre garçon comme moi n'a été amoureux ! Mais depuis qu'elle est attrapée et qu'elle m'a laissé derrière elle, [3] Quel merveilleux changement tout d'un coup je trouver! Lorsque le policier la retint aussi fort que possible,
je crus que c'était Bet Spriggins ; mais bon sang, c'était elle.

II

Avec un tel compagnon, une étable verte à garder,
Pour boire du porteur toute la journée, sur un lit de troupeau pour dormir, [4] J'étais si bon enfant, si bobb et gai, [5] Et j'étais toujours aussi intelligent qu'une carotte toute la journée : mais maintenant je suis si impertinent et grossier, si déguenillé et gras, comme jamais on ne l'a connu ; ma Nancy est partie, et mes joies sont toutes enfuies, et mon cul pend derrière moi, aussi lourd que plomb.

III

Le chenil, qui a l'habitude de courir vite,
et de danser sur de doux murmures de chatons morts parmi, tu sais, petit
cheval, si Nancy était là, c'était un plaisir à regarder, c'était de la musique à
entendre : mais maintenant qu'elle est partie. , je peux le voir passer, et
toujours pendant qu'il murmure, ne faites que exploser. Devez-vous être si
joyeux, pendant que je souffrais? Arrêtez votre claquement, et soyez
damnés, et entendez-moi me plaindre.

IV

Quand les insectes en essaims autour de moi jouaient souvent,
Et Nancy et moi étions aussi fringants qu'eux, Nous rions de leurs
morsures et nous nous embrassions tout le temps, Car le printemps de sa
beauté était juste à son apogée. !Mais maintenant, à cause de leurs ébats, je
n'arrive jamais à dormir,Alors je les casse par dizaines, alors qu'ils rampent
sur moi :La malédiction vous flétrit ! Je pleure, alors que je suis tout
intelligent, Car je suis mordu au cul, alors que je suis piqué au cœur.

V

Le barbier que j'ai toujours eu plaisir à voir,
avec sa queue de cheval, est venu me gratter, Nancy et moi ; Je me lève avec
mon bâton, pleure, fais-toi exploser, espèce de canaille ! et donnez-lui un
coup de pied... Et je lui en prêterai un autre, car pourquoi JohnBe ne serait-
il pas aussi ennuyeux que le pauvre Dermot, quand Nancy est partie ?

VI

Quand j'étais assis avec Nancy, quels spectacles ai-je vu !
Comme le navet était blanc, le colwart comme vert ! Quelle belle apparence,
tandis que sous l'ombre, La carotte, le panais, le chou-fleur étaient faits !
Mais maintenant elle mouline la poupée, même si les verts sont toujours là,
[6] Aucun d'entre eux n'a l'air aussi charmant : ce n'est pas la planche qui a
été clouée au mur, qui a incité tant de clients à visiter notre stand.

VII

Une douce musique nous accompagnait tous les deux dans toute la ville,
à Bagnigge, White Conduit et Sadler's-Wells également ; [7] Les chenils
murmuraient doucement, les beaux-pots comme c'était doux, et le crack
faisait craquer les noyaux de cerises sous nos pieds : mais maintenant elle à
Bridewell l'a frappé, [8] Mon œil, Betty Martin ! sur la musique une chanson
: « C'était sa voix qui criait au maquereau, comme je l'ai découvert
maintenant, qui donnait à tout le reste son son agréable.

VIII

Gin! Qu'est devenu ton feu réconfortant,
Et où est la beauté de l'Intire de Calvert ? Est-ce que quelque chose de son
goût Double Gloucester séduit, Ce jambon, ces pommes de terre, pourquoi
ne sourient-ils pas, Ah ! pourris, je vois à quoi tu étais, pourquoi tu as fait
tomber ta mousse, pourquoi tu as fait disparaître ta graisse: pour rouler
dans son ivoire, pour faire plaisir à ses yeux, pour être incliné par sa langue,
sur son ventre pour mensonge.

IX

Comme la récolte est lente jusqu'au retour de ma Nancy !
Pas de ratés dans ma poche, pas de charbon marin à brûler ! [9] Je pense
que si je savais où le gardien mettrait les pieds, je le suivrais et lui donnerais
un coup de poing sur la tête. Vole vite, bon gardien, amène-moi ici ma
chère, et fais-moi exploser ! Je vous donnerai un gallon de bière. [10]Ah,
coule-le ! le gardien est plein de retard, et ne bougera pas d'un pied plus
vite, pour autant que je puisse en dire.

X

Aucun chasseur de sang, qui m'entend me plaindre,
n'arrêtera-t-il le vent de cet abattage acharné, l'agent Payne ? [11]
S'il le fait, il sera traîné à Tyburn lors des prochaines séances,
Et quel gamin est assez rhum pour se faire égratigner ? [12]Non ! Blinky,
déchargez-la et laissez-la revenir ; car jamais le pauvre garçon n'a été aussi
tristement abandonné. Zounds ! que dois-je faire ? Je mourrai dans un
fossé ; soyez averti par moi de la façon dont vous êtes ligué avec une
chienne.

[1 : compagnons] [2 : accompagné] [3 : emprisonné] [4 : boisson] [5 : léger]
[6 : cueille du chêne] [7 : notes] [8 : disparu] [9 : argent] [10 : traiter] [11 :
Remarque] [12 : idiot]

VOUS LES SCAMPS, VOUS LES PADS, VOUS LES PLONGEURS
[Notes] [1781]

[Extrait *du choix d'Arlequin* : ou *du chef indien* par
MR. MESSINK, et chanté par JOHN EDWIN comme "le Gardien de
Bridewell"].

je

Vous, vauriens, vous, vous, plongeurs, et tous à l'affût, [1]
Dans la joyeuse promenade des moutons de Tothill-fields, comme des
agneaux, vous vous divertissez et vous jouez ; [2] Rassemblez vos darbies,
venez ici à mon appel ; je suis ici doubleur de jigger, et vous êtes invités à
broyer une poupée. [3] Avec ma ligne de remorquage, etc.

II

Dans ton bureau d'assurance, les appartements que tu as pris,
Le jeu auquel ils ont joué, mon petit, tu es toujours sûr de gagner; D'abord
tu touches les brillants - le numéro augmente - tu casses, [4] Avec ton
d'assurance, je n'assurerais pas votre cou. Avec ma ligne de remorquage, etc.

III

Les Français, avec des trotteurs agiles, pourraient fuir les coups anglais, [5]
Et ils ont des papas agiles, comme monsieur le montre bien ; [6] Soyez ainsi
les ennemis de la Grande-Bretagne frappés, oui, frappez, monsieur, Le
chanvre que vous battez maintenant fera votre solitaire. Avec mon câble de
remorquage, etc.

IV

Mes mirettes ! qui avons-nous ici maintenant? pourquoi c'est sûr Black-
Moll : [7]
Ma madame, vous êtes du beau sexe, alors bienvenue dans la poupée de
moulin ; L'abattage avec vous qui vous aventureriez dans un ken
somnolant, [8] Comme Blackamore Othello , devrait « éteindre la lumière –
et ensuite ». Avec ma ligne de remorquage, etc.

V

Je pense, mon cocher tape-à-l'œil, que vous ferez mieux attention,
et que l'argot ne vient pas pour un petit coup sur votre voyage ; [9]Votre
jazy paie la garniture, à moins que les honoraires ne vous donnent un
pourboire, [10]Quand vous êtes un cocher tape-à-l'œil, ici le gagger tient le
fouet,Avec mon attelage, etc.
Chorus omnes
Nous sommes des coquins, nous sommes pads, nous sommes des
plongeurs, nous sommes tous sur le terrain, dans la promenade gay des
moutons de Tothill-fields, comme des agneaux, nous faisons du sport et
jouons ; en faisant monter nos darbies, nous sommes ici à votre appel, vous
êtes ici doubleur de jigger, et nous sommes obligés de broyer une poupée.
Avec ma ligne de remorquage, etc.

[1 : repose-pieds ; faire les poches; Notes] [2 : prison de Tothill-fields] [3 :
gardien, pic Oakum] [4 : argent] [5 : pieds] [6 : poing] [7 : yeux] [8 :
logement commun][Notes] [9 : boire ; abus] [10 : perruque ; "pied"]

LE MARIAGE DU SANDMAN [b. 1789]

[Une Cantate de G. Parker (?)].

Récitatif.

Tandis que Joe le marchand de sable conduisait sa noble équipe
de jennies à la croupe crue, "Sand-ho!" était son thème : Juste au moment
où il tournait le coin du tambour, [1] Sa chère bien-aimée Bess, le bunter,
arrivait par chance ; [2] Avec joie, il cria "Woa", tourna sa chique et la
regarda fixement, d'abord il la suça, puis s'adressa ainsi à la belle. [3]

Air .

je

Pardonne-moi si je loue ces charmes
Tes vitriers brillants, tes lèvres, ton cou et tes bras [4] Tes bulles de neige
apparaissent toujours Comme deux petites collines de sable, ma chère : Tes
beautés, Pari, de la tête aux pieds Ont volé le cœur de Sandman Joe.

II

Venez vous marier, ma chère, et soyons d'accord,
alors vous serez libre de l'alcool ; [5] Pas de ricanement de la part de cully,
mot ou froe. [6] Osez alors reprocher à mon Bess Joe ;
Car il est le rhum pour enfants et queer, [7]
Que tous les garçons de St. Giles craignent

Récitatif .

Avec les lumières du jour clignotantes, Bess répondit enfin : [8]
Joey doit-il offrir ceci, et être refusé ? Non, non, mon Joe aura son cœur
ravi et nous serons mariés avant de dormir cette nuit ; [9] "Eh bien," dit Joe,
"tu n'as plus besoin de dire" - [10] "Gee-up ! potence, tu veux mon sable
aujourd'hui ?"

Air .

je

Joe a vendu son sable et a acheté son cole, monsieur, [11]
Pendant que Bess prenait un panier de chiffons, puis jusqu'à St. Giles, ils
roulaient, monsieur, à chaque Bunter, Bess se vante : puis dans un bar à
alcool. ils le piquent, [12]Là où Bess a été admis, nous entendons ; car
aucune des criques n'ose mais l'aime, comme Joey, son enfant, était là.

II

Pleins de joie, jusqu'à dix heures où ils commencèrent,
Pour le souper, Joe envoya une victoire ; une gueule de porc entre eux fut
séparée, et après qu'ils l'aient éclusée avec du gin : C'était sur une vieille
malle en cuir, monsieur, ils se sont mariés, ne jamais se séparer; mais Bessy,
étant ivre aveugle, monsieur, Joe l'a emmenée dans son chariot.

[1 : rue] [2 : chiffonnier] [3 : l'a embrassée] [4 : yeux] [5 : brasserie] [6 :
camarade, fille ou femme] [7 : courageux et mignon] [8 : yeux] [9 : dormir]
[10 : parlé] [11 : empoché son argent] [12 : partir]

LE HEUREUX PAIRE. [1789]

[Par GEORGE PARKER dans *Life's Painter of Variegated Characters*].

Joe .

Vous, les garçons d'argot, depuis le nooze du mariage,
Ensemble, nous avons rapidement lié Moll Blabbermums et Rowling Joe,
la joie et la fierté de chacun ;
Vos balais et vos bouilloires en étain apportent, Avec des bidons et des
pierres : Vous, les bouchers, apportez aussi vos couperets, De même vos os
à moelle ; Car jamais un couple ne s'est marié, Personne ne peut être trouvé,
C'est à moitié aussi heureux que Joe. et Moll, fouillez tout le tour de St.
Giles.

Moll .

Bien que Muns, un drôle de gamin fantaisiste et cochon,
était autrefois mon homme préféré, Bien que Tom tintant au museau
robuste Pour moi, j'ai laissé Nan à la bouche gueule: Même si je
rembourrais Jack et plongeais Ned, [1] Avec un clin d'œil ' d bourdonnant
Sam, [2] m'ont fait boire du chaud, et se sont tenus [3] la raquette pour un
verre; bien que Scamp le gamin chantant des ballades, m'a appelé son frow
chéri, [4] j'ai donné un pourboire tous en double, pour [5] Pour le bien de
Rowling Joe.

Refrain .

joyeux
maintenant,
chantons-le complètement, et que le cœur de chaque abatteur et doxy [6]
soit plus *léger* qu'une *plume* ; à ras bord, [8] Avec courage, postons nos *neddies*
; [9]
Ensuite, nous roulerons tous dans *du huh* and *grub* , [10]
Jusqu'à ce que nous partions, [11] Depuis que Rowling Joe est rentré avec
Moll, Et Moll est rentré avec Joe.

[1 : piétinement ; pickpocket] [2 : pickpocket] [3 : payé pour] [4 : femme,
fille] [5 : abandonné] [6 : homme ; femme] [7 : argent] [8 : putes] [9 : esprit ;
dépenser nos guinées] [10 : boire ; nourriture] [11: débit de boissons]

LE BAPTÊME DU BUNTER. [Remarques] [1789]

[Par GEORGE PARKER dans *Life's Painter of Variegated
Characters*].

je

Bess Tatter, de Hedge-lane,
à la joie du chiffonnier Joey, l'abattage avec qui elle snooz'd [1] a donné
naissance à un garçon à découper : qui était, comme on pourrait dire, la
morale de son père, monsieur ; et au christ 'ning souvent, un joyeux combat
qu'ils ont eu, monsieur.

II

Car, quand il avait quatre semaines,
Long Ned et Chloé, la charrette à poussière, furent invités par Joey pour
donner un nom à l'enfant; avec qui vint Tom le muzzy, [2] et Snip, le
boozer, se faufilant, [3] Sac - cueillant Ciss aux yeux larmoyants, et louchant
Jack, le meurtrier. [4]

III

De même est venu l'intimidation de Sam,
avec de la viande de chat et de chien, Nelly, le jeune Smut, le ramoneur, et
le snick-snack souriant Willy; Peg Swig et Jenny Gog, les bords, avec des
doigts de glu, [5] ont apporté des gazouillis, des miteux. Dick, le prince des
chanteurs de ballades.

IV

Les invités étant maintenant accueillis,
la première chose qui fut faite, monsieur, fut de s'occuper du gamin, afin
que tout le monde puisse lui frapper les muns, monsieur ; [6] Un *éclair*
ensuite, [7]
Bess fit signe à chaque abattage et froncement de sourcils, monsieur, [8]
Avant qu'ils ne se rendent à l'église, [9] Pour qu'il soit baptisé Joe, monsieur.

V

Ils s'éloignèrent alors péniblement ;
Mais une procession aussi étrange, composée de bords miteux et d'enfants,
est bien au-delà de toute expression. Le baptême étant terminé, ils
reviennent bientôt le prendre, [10] pour prendre un plat de genoux, [11]
Préparez-vous. d pour ceux qui n'aiment pas.

VI

Bung est revenu une fois de plus.
Ils ont bavé le petit Joey ; [12] Puis, avec quelques mâchoires civiles, [13]
Une partie s'accroupit pour boire de la bohéa, Et une partie avala des
gorgées d'orge, [14] Comme raccourci, ils fumaient, [15] Tandis que certains

leurs bavardages éclairaient [16] Dans la potence, on s'amuse et on
plaisante. [17]

VII

Pour le souper, Joey se leva,
pour soigner ces copains curieux ; un fondant de bœuf, une gueule de porc,
des têtes de mouton et des polonies rassis : et puis ils buvaient du gin
chaud, jusqu'à ce qu'ils soient ivres à l'aveugle comme Chloé, à douze ans,
tous emballés du Christ » ning du jeune Joey.

[1 : homme] [2 : confus] [3 : ivrogne] [4 : pugiliste] [5 : prostituées ; voleur]
[6 : embrasse-le] [7 : goutte de gin] [8 : donné ; homme; femme] [9 :
marcher] [10 : aller] [11 : thé] [12 : embrasser] [13 : mots] [14 : boire de la
bière] [15 : tabac] [16 : parler] [17 : crier]

LES MASQUERADERS : OU LE MONDE TEL QU'IL REMUE
[Notes] [1789]

[Par GEORGE PARKER dans *Life's Painter of Variegated Characters*].

je

Vous, les plats, les objets tranchants et les rhums, qui composez ce poter ;
Qui se regardent bouche bée et se regardent, comme des cochons coincés
les uns aux autres, Comme des miroirs dans lesquels, de tout leur long,
apparaissent,
Tes folies se reflétaient si bêtes et si bizarres
Tol de rol, etc.

II

Assistez pendant que je *chante,* comment, dans chaque station,
le mascarade est pratiqué dans chaque nation : Certains masques pour le
simple plaisir, mais nous en connaissons beaucoup, Pour lécher le *rhinocéros,*
de faux visages apparaîtront. [1]
Tol de rol, etc.

III

Les conseillers des brindilles bavardent sur la justice et la loi,
cessent de graisser leur poing et ils cesseront bientôt leur mâchoire ; [2] Et
les patriotes, à propos de la liberté, déclencheront une émeute, jusqu'à ce
que leurs fins soient toutes gagnées, et que leurs mâchoires se taisent alors.
Tol de rol, etc.

IV

Phizzes méthodistes brindilles, avec masque moralisateur, [3]
Leurs plates-formes prouvent que leur phiz est erroné. [4] Brindille aux

- 33 -

mâchoires élancées, l'avare, ce vieil elfe à la peau silex, à cause de son long et maigre phiz, qui penserait qu'il a le pelf. Tol de rol, etc.

V

Brindilles levées, ils sont composés de visages
qui font gagner du temps, avec des traits flatteurs et flatteurs pour l'intérêt et les lieux ; et les dames apparaissent aussi à la cour et ailleurs, avec des teints empruntés, de fausses formes et de faux cheveux. Tol de rol, etc.

VI

Pasteur de brindille - mais comme il n'y a plus besoin de preuve, je *conclus* ma chanson et je vais maintenant tamponner le sabot ; [5] Alors nobles et messieurs, trimballez vos contrefaçons, je prendrai des brums ou des coupés, et merci de surcroît. Tol de rol, etc.

[1argent] [2pot-de-vin] [3Voir] [4méthodes] [5s'éloigner]

L'HOMME FLASH DE ST. GILES [Notes] [b. 1790]

[De *L'abeille occupée*].

J'étais un homme flash de St. Giles, [1]
Et je suis tombé amoureux de Nelly Stiles ; Et j'ai rembourré le sabot sur plusieurs kilomètres [2] Pour montrer la force de ma flamme : Dans le Strand et à l'Amirauté, elle a ramassé les appartements au fur et à mesure qu'ils passaient, [3] Et j'ai broyé leurs lingettes de leur côté clye, [4] Et puis chanté fal de ral tit, tit fal de ral, Tit fal de ree, et puis chanté fal de ral tit !

II

La première fois que j'ai vu le mot enflammé, [5]
C'était à l'enseigne du Porter Pot, j'ai appelé pour du purl, et nous l'avons eu chaud, avec du gin et du bitter aussi ! Nous avons jeté notre argot haut et bas, [6] Et nous étions résolus à engendrer une querelle Car nous étions tous les deux aussi ivres que la truie de David, [7] Et puis nous avons chanté fal de ral tit, etc.

III

Alors que nous rugissions une prise
(il était midi), nous avons réveillé la montre, j'ai fait un arraché à son jazy, [8] et j'ai essayé d'attraper son hochet ! [9] Mais j'ai raté mon objectif et je suis tombé, Et puis il nous a chargés, moi et Nell, Et nous a emmenés tous les deux dans la cellule de Saint-Martin Où nous avons chanté fal de ral tit, etc.

IV

Nous avons passé la nuit amoureux,
et devant la justice, nous y sommes allés le lendemain, et parce que nous ne
pouvions pas payer trois porcs, [10] Pourquoi avons-nous été envoyés pour
quod ! [11] En quoi nous avons passé trois semaines lugubres, Jusqu'à ce
que Nell en pleurant ait gonflé ses joues, Et j'ai damné le quorum tout ça
pour des furtivités Et puis j'ai chanté fal de ral tit, etc.

V

Des bars Bridewell, nous sommes maintenant libres,
Et Nell et moi sommes si bien d'accord,
Que nous vivons en parfaite harmonie,
Et mangeons et buvons à notre faim ! [12] Car nous avons broyé un
précieux coup [13] Et queer'd les appartements au son des thrums, E, O,
Chaque nuit dans Titmouse Row, Où nous chantons fal de ral tit, etc.

VI

Vous tous qui vivez à bout de nerfs,
priez pour cette maxime, soyez attentifs, ne désespérez jamais de trouver un
ami, pendant que les appartements sont en ruine à bord ! Car Nell et moi
gardons maintenant un concert, Et avons l'air si grandioses, si flashy et si
grands, Nous roulons dans tous les gréements connaisseurs [14] Pendant
que nous chantons fal de ral tit, etc.

[1 : Notes] [2 : marché] [3 : victimes] [4 : mouchoirs volés ; poche latérale]
[5 : fille, pute] [6 : parler bruyamment] [7 : Notes] [8 : perruque] [9 : voler]
[10 : shilling] [11 : prison] [12 : manger et boire] [13 : fait un riche butin]
[14 : sont à la hauteur de chaque mouvement]

UN MOT LEARY [Notes] [*c* . 1811]

[Une ballade à flanc de page].

je

La vieille Mog au rhum était un mot éclair et instruit,
et elle était ronde et grosse, [1] Avec des pinces dans ses chaussures, une
brouette aussi et un ciré autour de son chapeau ; à travers Temple Bar, [2]
De quel côté du chemin, je ne peux pas le dire, mais elle l'a désossé dans un
Tar... [3] En chantant, tol-lol-lol-lido.

II

Maintenant, le compagnon flash de Moll était une branchie de Chick-lane,
et il portait une jarretière sous son genou, [4] Il avait été tiré deux fois et
presque à la traîne, [5] mais il s'en était tiré en allant à mer ; Avec sa pipe et
sa chique, et sa voix chantante : « Pommes de terre ! » il pleurait; Car il
n'appréciait ni la crique ni la houle,

car il avait un coin bien ajusté dans son cly [6]
Chanter, tol-lol-lol-lido.

III

Une nuit, ils sont allés dans un club de coqs et de poules, [7] au signe de la
jument et de l'étalon, mais un tel spectacle n'a jamais été vu comme celui de
Mog et de son compagnon éclair ; Son convoi était une lame am'rous, et il a
emmené le jeune Bet en catimini, [8] Quand Mog est arrivé avec son papa, a
frappé jusqu'au but, [9] et elle a noirci l'œil du Bunter. [10] Chanter, tol-lol-
lol-lido.

IV

Maintenant, cela a provoqué une bagarre générale,
Seigneur, quelle bagarre de potence - [11] Avec des coups et des bruits
sourds toute la nuit, jusqu'à "être ivre comme la truie de David" - [12]
Broyant de haut en bas - avec des têtes coupées et beaucoup de cassés.
côtes levées, [13] Mais l'alouette étant finie, ils se sont égrenés chez le
joyeux Tom Cribb. Chanter, tol-lol-lol-lido.

[1 : femme ou prostituée] [2 : Mouchoir de soie ; Remarques; Paps; est allé]
[3 : volé] [4 : chérie] [5 : emprisonné ; transporté] [6 : argent ; poche] [7 :
Notes] [8 : embrassé] [9 : poing ; directement sur place] [10 : chiffonnier]
[11 : super brillant] [12 : notes] [13 : combats]

"LA NUIT AVANT LARRY SOIT ÉTIRÉE" [Notes] [c; 1816]

je

La nuit avant que Larry ne soit étiré,
les garçons lui ont tous rendu visite ; un peu dans leurs sacs aussi, ils sont
allés chercher... Ils ont transpiré leurs fringues jusqu'à ce qu'ils les rizent ; [1]
Car Larry était toujours le garçon, Quand un ami était condamné au
squeezer, [2] Mais il mettait en gage tous les togs qu'il avait, [3] Juste pour
aider le pauvre garçon à éternuer, [4] Et humidifie sa gueule avant de
mourir.

II

« Sur ma conscience, cher Larry, dis-je,
je suis désolé de vous voir en difficulté, et la joyeuse caboche de votre vie se
tarir, et vous-même partir comme sa bulle !
« Tiens ta langue à ce sujet », dit-il ;
« Pour le foulard, je m'en fiche d'un bouton, [5] Et demain à cette heure, tu
verras. Ton Larry sera mort comme un mouton : Tout ça pour quoi ? «
Kase, son courage était bon !

III

Les garçons arrivèrent en masse ;
Ils ont rapproché leurs tabourets autour de lui, ils ont placé six lueurs
autour de son cercueil... [6] Il ne pourrait pas être bien réveillé sans eux, je
l'ai tué s'il était apte à mourir, sans s'être dûment repenti ? Dit Larry, « Tout
cela est dans mes yeux, et tout cela a été inventé par les clargy, pour se faire
un peu de gras.

IV

Puis les cartes demandées, ils jouèrent,
jusqu'à ce que Larry trouve l'un d'eux trompé ;

Vite, il lui a donné un coup dur à la tête.
Le garçon s'échauffait facilement : « Alors vous me plaisantez parce que je
suis en chagrin ! Ô ! est-ce, par le Saint, le rason ? Bientôt, je te ferai savoir
que tu es un sale voleur ! Que tu plaisantes par pure raison, Et que tu
saborderas ton nob avec mon poing.

V

Puis entra le prêtre avec son livre.
Il lui parlait si doucement et si poliment ; Larry lui lança un regard de
Kilmainham, [7] et lança sa grosse perruque au diable. Puis levant un peu la
tête, pour obtenir un douce goutte de la bouteille, et soupirant
pitoyablement, il dit : « Ô ! le chanvre sera bientôt autour de mon
étranglement, et étouffera ma pauvre trachée à mort !

VI

Si tristes ces dernières paroles qu'il prononça,
Nous avons tous évacué nos larmes sous une douche ; Pour ma part, j'ai cru
que mon cœur se brisait
De le voir coupé comme une fleur !
Au cours de ses voyages, nous l'avons surveillé le lendemain. Ô le bourreau,
je pensais pouvoir le tuer ! Pas un mot de notre pauvre Larry n'a dit, ni n'a
changé jusqu'à ce qu'il vienne voir le roi Guillaume ; [8] Oh, ma chère ! puis
sa couleur est devenue blanche.

VII

Quand il arriva au tricheur,
il était cloué si proprement et si joliment ; le randonneur sauta sur ses pieds,
[9] et il mourut face à la ville. mais ce n'était là que de l'orgueil, car bientôt
vous pourriez voir que tout était fini ; et dès que le nœud fut dénoué, alors à
la tombée de la nuit nous l'avons réveillé dans le trèfle, [10] et l'avons
envoyé prendre une sueur profonde. [11]

[1 : mis en gage leurs vêtements] [2 : potence ou corde] [3 : vêtements] [4 : boisson] [5 : licou] [6 : bougies] [7 : Notes] [8 : Notes] [9 : chariot] [10 : nuit] [11 : l'a enterré]

LA CHANSON DU JEUNE PRIG [Notes] [*c* . 1819]

Ma mère, elle demeurait sur l'île de Dyot, [1]
Une des membres de l'équipage du canting, messieurs ; [2] Et si vous connaissiez le style de mon père, Il était Dieu sait qui, messieurs ! J'ai d'abord tenu des chevaux dans la rue, mais étant trouvé défaillant, je suis devenu le larbin du grondeur pour ma viande, [3] Ainsi a-t-on été amené jusqu'au licol. Fouillez l'argile et fourchez le chiffon, [4] Dessinez les brouillards en plomb, [5] Parlez aux hochets, emballez le butin, [6] Et chassez finement le mannequin. [7]

II

Mon nom, dit-on, est jeune Birdlime,
mes doigts sont des hameçons, messieurs ; et j'ai appris ma lecture de bonne heure, [8] en étudiant les livres de poche, messieurs ; j'ai un œil doux pour une plante, [9] et gracieux comme Je déambule, Finedraw une queue de manteau, c'est sûr que je ne peux pas
. Alors c'est mon gamin. [dix]
　　Refrain . Fouillez l'œuf, etc.

III

Je suis souvent un oiseau de nuit dans la cage, [11]
Mais mes chants au rhum n'échouent jamais, messieurs ; Les sens du doubleur doivent s'engager, [12] Pendant que je lui donne un coup de pied, messieurs ; [13] Il n'y a pas, pour la cueillette, d'avoir, Un garçon si léger et si farfelu, [14] Le pêcheur le plus propre du pad [15] En plein jour ou dans l'obscurité. [16] *Chœur* . Fouillez l'œuf, etc.

IV

Et bien que je ne travaille pas de capital, [17]
Et ne pesez pas mon poids, messieurs ; Qui sait si ce n'est pas le cas avec le temps, car il n'y a pas de destin étrange, messieurs. [18] Si je ne suis pas en retard par rapport à Virgin-nee, [19] Je pourrais être un spectacle de Tyburn, [20] Peut-être être un crackman de pointe, [21] Ou aller sur le High Toby. [22] *Chœur* . Fouillez l'œuf, etc.

[1 : Notes] [2 : mendiants] [3 : fiacre] [4 : faire les poches ; saisir des billets ou de l'argent] [5 : voler des mouchoirs avec dextérité] [6 : voler une montre, empocher le butin] [7 : voler des portefeuilles] [8 : des notes] [9 : un vol intentionnel] [10 : habile est ma main] [11 : détention] [12 : geôlier] [13 : s'enfuir] [14 : espiègle] [15 : pickpocket expert] [16 : nuit] [17 : Notes]

[18 : prendre le dessus sur] [19 : transporté [Notes]] [20 : être pendu] [21 : cambrioleur] [22 : devenir un voleur de grands chemins]

LE FRAISAGE [Notes] [1819]

[Par THOMAS MOORE dans *le Mémorial de Tom Crib au Congrès* : — "Récit du match de fraisage entre Entellus et Dares, traduit du Cinquième Livre de l'Énéide par L'un des Fantaisie"].

Avec les papas élevés et le nob retenu, [1]
Dans l'horrible prescience du coup imminent, les deux enfants se sont levés
- et avec un espar prélusif, [2] Et des manœuvres légères, ont allumé la
guerre ! L'une, en fleur de jeunesse — une lame légère — L'autre, vaste,
gigantesque, comme faite,
expresse, par la nature, pour le martelage ; [3]
Mais vieux, lent, avec des membres raides, chancelant beaucoup, et des
poumons qui manquaient du toucher du réparateur de soufflets. Pourtant,
vifs d'esprit, les deux Tampons arrivèrent, [4] tandis que les côtes sonnaient
de chaque cadre retentissant, et que diverses fouilles, et maintes peaux
lourdes, étaient entendues et palpées sur leurs larges paniers à pain. [5] Avec
une visée errante, mais une visée qui manquait rarement des pattes rondes
et des oeillets volaient le poing fréquemment ; [6] Tandis que des pluies de
visages racontaient si bien que les mâchoires écrasées crépitaient en
tombant ! Mais Entellus se tenait fermement debout, et toujours brillant,
quoique courbé par l'âge, avec toute la lumière de l'imagination, [7] arrêté
avec habileté et rallié avec un feu que l'immortelle imagination pouvait seule
inspirer ! Tandis que Dares, se retournant, avait l'air pensif. Une ouverture
vers l'immense carcasse de l'anse recherchée (comme le général Preston, à
cette heure horrible, quand sur une jambe il sautait pour... prendre la tour !),
et ici et là, explorée avec une nageoire active, et une feinte habile, certains
une passe sans garde pour gagner, et se révéler un hôte ennuyeux une fois
admis. Et maintenant Entellus, avec un œil qui prévoyait de punir les actes,
leva haut sa lourde main ; Mais avant que le traîneau ne descende, le jeune
Dares aperçut son ombre au-dessus de son front et se glissa de côté. Il
glissa si agilement que le vain nobber passa dans le vide ; et Celui, si haut, si
vaste, Qui a porté le coup, est venu en tonnerre sur le sol ! — Pas B-ck —
gh-m lui-même, avec un son plus sombre, Déraciné du champ des gloires
whiggistes, Est tombé souse, récemment, parmi les conservateurs étonnés !
Instantanément, l'anneau fut brisé, et les cris et les cris des Flashmen
troyens et des houles siciliennes remplissaient le vaste ciel - tandis que,
touché de chagrin de voir son voile, bien connu à travers maintes alouettes
et folies, [8] Ainsi rumly A terre, le bon Ascète courut, [9] Et par pitié, il fit
sortir de terre le vieillard gibier. Peu intimidé, indemne du sport, il est venu,
ses membres tous musclés et son âme toute enflammée. Le souvenir de ses
gloires passées, [10] La honte que autre chose que la mort devrait le voir

herber. Tous tirèrent le coup du vétéran - avec une fureur rouge,
il se précipita plein sur son client aux membres légers, -
et martela à droite et à gauche, avec un balancement lourd. [11] Ruffian fit
tourner le jeune chancelant autour du ring - Ni le repos, ni la pause, ni le
temps de respirer n'ont été accordés. Mais, aussi rapides que la grêle
crépitante du ciel bat sur le toit de la maison, des pluies de balles de Randall
autour des cornes du cheval de Troie tombaient brûlantes ! Jusqu'à présent,
Énée, rempli d'une crainte anxieuse, s'est précipité entre eux et, avec des
paroles bien élevées, a préservé à la fois la paix et la tête de Dares, que le
vétéran était très enclin à briser. La jeunesse disait : « Pauvre Johnny Raw !
Quelle folie pourrait pousser un tel rhum à Flat à faire face à un si grand
Swell ? Ne vois-tu pas, mon garçon, la fantaisie et la servante céleste, elle-
même descend au secours de ce grand Hammerer, et, célibataire lui, parmi
tous ses adorateurs flash, brille dans ses hits et tonne dans ses parquets ?
Alors, cède-toi, jeune homme, — et tu n'es pas un tel idiot, pour penser
qu'un simple homme peut broyer une divinité ! Ainsi parlait le chef — et
maintenant, la mêlée terminée, ses fidèles amis les Dares habillés rentrèrent
chez lui, les jambes chancelantes, le cœur enfoncé, et les muns et les
noddles roses de toutes parts. Tandis que de sa gueule jaillissait le bordeaux
gloussant, [12] Et des tas de broyeurs, de leurs orbites écrasés, [13] Sortaient
avec la marée cramoisie en fragments cliquetants se précipitaient !

[1 : mains ; tête] [2 : camarades, généralement jeunes] [3 : pugilisme] [4 :
hommes] [5 : estomacs] [6 : oreilles et yeux] [7 : [Notes]] [8 : ami ;
gambader] [9 : lourdement] [10 : se battre] [11 : infliger des coups] [12 :
sang] [13 : dents]

YA-HIP, MES COEUR ! [1819]

Tom Crib's Memorial to Congress de MOORE :—"Chanté par Jack Holmes, le
cocher, lors d'une mascarade tardive à St Giles's, dans le personnage de
Lord C—st—e—on… Cette chanson qui a été écrite pour lui par M.
Gregson, etc."].

je

J'ai d'abord été embauché pour *attacher un Hack* [1]
Ils appellent "The Erin" il y a quelque temps, Où j'ai vite appris à *crépiter des
flashs* , [2]
Pour freiner les seins et incliner les cils - [3] Ce qui a plu *au Maître de* The
Couronne
Tellement, il m'a emmené en ville,
et m'a donné *beaucoup* d' *argent* par an, [4]
pour *outiller* ici "Les Constitutions". [5]
Alors, oui, mes amis, me voici qui conduis la Constitution Fly.

II

Certains se demandent comment la mouche résiste,
si pourrie, à l'intérieur comme à l'extérieur ; Tellement chargé aussi, contre
vents et marées, Et avec des créatures si *lourdes* À L'INTÉRIEUR.
Mais, Seigneur, cela durera notre temps – ou si les roues se raidissent de
temps en temps, l'huile de palme est la chose qui, en coulant, [6] met en
marche les nefs et les gars. Alors oui, *Hearties* ! etc.

III

Certains se demandent aussi si les *seins* qui tirent
cette *affaire de rhum* , si pleine,
ne devraient jamais *reculer* , ni *s'enfuir* , ni donner un coup de pied
au chargement et au conducteur du vieux Nick. Mais n'ayez crainte, la race,
bien que britannique, n'est désormais plus *gibier* ou capricieuse ;
Sauf parfois à propos de leur maïs, les Tamer *Houghnhums* ne sont jamais
nés.
Alors ya-hip, *Hearties* , etc.

IV

Et puis nous roulons si sociablement ! —
Tandis que certains ont des places, bien au chaud, à l'intérieur, Certains
espèrent y être tout de suite. À travers de nombreux chemins sales, *accrochez-
vous* .
Et quand nous atteignons un endroit sale (il y en a beaucoup, Dieu sait),
vous ririez de voir de quel air nous *prenons* les éclaboussures, chacun sa part.
Alors oui, *Hearties* ! etc.

[1 : conduire un fiacre] [2 : parler argot] [3 : chevaux ; fouet] [4 : argent] [5 :
conduire] [6 : argent]

SONNETS POUR LA FANTAISIE : A LA MANIÈRE DE
PÉTRARQUE [Notes] [*c.* 1824]

[De *Boxiana* , iii. 621. 622].

Éducation.

Autrefois lien-boy, Dick Hellfinch arborait le sourire,
à Charing Cross il a longtemps appliqué son labeur : « Ici léger, ici léger !
vos honneurs pour une victoire », [1] À chaque sélection et terne, il a crié
haut et fort. [2] À Leicester Fields, comme le savent la plupart des histoires,
"Venez noircir votre culte pour un seul magazine", [3] Et pendant qu'il
faisait briller son Nelly, il suçait le sac, [4] Et ainsi ils chancelaient parfois. d
un coup précieux. [5] A Smithfield aussi, là où se trouvent les appartements
des éleveurs, il y flânait pour accueillir des hommes riches, avec des cartes

et des dés, il était prêt à tous les jeux, et à la Saltpetre Bank il faisait un tiret ;
Une plate-forme très compétente dans tous les gangs, [6] Dick Hellfinch
était le choix de tout l'argot. [7]

Progrès.

Sa Nell s'est assise sur les marches de Newgate et a gratté son sondage,
ses yeux étaient inondés de larmes et remplis de gin ; sachant que le banc
avait fait basculer son buzer queer, [8] Car Dick avait frappé du sabot sur le
coussin, Of Field, ou Chick-lane - était le garçon le plus audacieux qui ait
jamais broyé le cly, ou roulé le regard. [9] Et avec Nell il gardait une écluse,
une clôture et un tuz, et pendant que son mot enflammé était en jeu, avec
des gosses qui roulaient, Dick plongeait et buz, et des kens craquants
concluaient chaque jour ; [10] Mais la fortune inconstante, toujours au
volant, a fait tourner un caoutchouc, pour que ces intelligents le ressentent.

Triomphe.

Les deux sonnent les appartements rassemblés autour du quod, [11]
Le queerum étrangement enduit de noir sale ; [12] Le dolman sonne,
pendant que le shérif hoche la tête, Préparez le commutateur au livre mort,
tandis que dans un hochet sont assis deux souffles éclair, [13] Des larmes de
sel coulent rapidement de chaque œil élastique ; Pour clouer le téléscripteur,
ou pour broyer le cly [14] À travers les épaisseurs et les minces
éclaboussures de leurs muselières occupées,
Les mots se lamentent sur la joyeuse errance de Tyburn,
Ces pétards bouillonnants doivent tomber à la Nouvelle Goutte, [15] Et
depuis le début le les coquins sont recadrés à la maison ; tout dans le cadre
photo du shérif l'appel [16] Exalté haut, Dick s'est séparé de sa flamme, et
tous ses camarades ont juré qu'il mourait de gibier.

[1 : centime] [2 : homme ; femme] [3 : un demi-penny] [4 : dépensé l'argent]
[5 : gagné beaucoup d'argent] [6 : un garçon mignon] [7 : c'est-à-dire la
fraternité] [8 : condamné le pickpocket] [9 : choisi poches] [10 :
cambriolage] [11 : but] [12 : potence] [13 : entraîneur ; femmes] [14 : voler
une montre ; faire les poches] [15 : Newgate] [16 : la corde du bourreau]

LE VRAI BOXEUR INFÉRIEUR [1825]

[Par J. JONES dans *Universal Songster*, ii. 96]. Air : « *Oh ! rien dans la vie ne
peut nous attrister.* »

je

Spring est le garçon pour une installation Moulsey-Hurst, mes gars,
Secouer un flipper et moudre un pâté; Fibber un nob est le plus excellent
travail, mes gars, Pétrir la pâte est un véritable succès. Lui taper le bordeaux
est ravissants, Belly-go-firsters et clics de gob ; Car où trouver des joies

telles que celles du combat, Et des tasses à mesurer pour un travail de chancellerie : Avec retournement et fraisage, et fobbing et nobbing, Avec ventre-go-firsters et pétrir la pâte, en tapotant le bordeaux, en le coupant et en engloutissant, dites ce que vous voulez, vous devez admettre qu'il est parti.

II

Spring est le garçon pour le parqueter et le rincer,
Frapper et s'arrêter, avancer et reculer, Pour prendre et donner, pour s'entraîner et se précipiter, Et n'en dira jamais assez, jusqu'à ce qu'il soit complètement battu; Pas de traversée pour lui, le vrai courage et en bas de tout, vous lui trouverez un rhum, essayez-le si vous le pouvez ; vous les timides, il ne leur montre aucune faveur, 'od les pourrit tous, quand il se bat, il essaie d'accomplir son homme ; en donnant et prenant, et parquetant et rougissant, Avec des coups et des arrêts, du huzza sur le ring, Avec des combinaisons de chancellerie, des combats et des courses, Il est le champion de la renommée, et de la virilité le printemps.

III

Spring est le garçon du rhum qui va et vient,
le fracassant et le fringant, et le faisant basculer, vers l'est et vers l'ouest, et parfois le retour en arrière, il est pour le scratch, et arrive aussi à temps ; pour le bureau d'approvisionnement, il ne lui rend pas service. Je vais le demander, pour l'odorat et les ogles, il ressent exactement la même chose ; au pipkin pour pointer, ou renverser le panier à pain, il est toujours en brindille, et en pleine forme pour le jeu ; avec aller et pourboire, et amorçage et timing "Jusqu'à ce qu'il soit groggy et queer, tout droit devant le gréement ; avec des lunettes et des odeurs, sans cornemuse ni carillon, vous admettrez qu'il est le garçon qui est toujours en brindille.

BOBBY ET SA MARIE [Notes] [1826]

[De *Universal Songster*, iii. 108].
Accorder— *Dulce Domum*.

Dans la rue Dyot se tenait un alcoolique-ken, [1]
souvent recherché par les pieds fatigués, et depuis longtemps avait été la demeure bénie de Bobby et de sa Mary. Pour elle, il lui tamponnait le sabot la nuit, [2] et du gravier perception des impôts [3]Pour elle, il n'a jamais fait honte au snite. Bien que des pièges aient tenté de le détecter ; [4]Quand Darkey est venu, il a cherché sa maison Pendant qu'elle, distraite, [5] Elle a salué sa vue, Et, chaque nuit, l'alcool ken sonnait Pendant qu'ils chantaient, O, Bobby et sa Mary.

II

Mais bientôt cette scène d'agitation douillette
fut changée en perspectives queering. Le franc courut timidement, et Bobby
se brossa, [6] pour obtenir plus de chiffon sans crainte ; [7] Il se rendit
rapidement à Islington, et y déposa un voyageur ; les pièges étaient volants,
ils espionnèrent son gréement [8] Et bientôt ils apparurent sur les volants.
[9]
Le soir venu, il ne chercha pas à rentrer chez lui,
tandis qu'elle, pauvre femme stupide, se louait cette nuit-là, [10] Oh, il vit
son esprit, puis entendit le glas qui lui dit adieu ! Puis j'entendis sonner le
glas De la cloche de Saint-Pulchre ! [11] Maintenant, il pend sur le
Commun.

[1 : Remarques ; brasserie] [2 : se promener] [3 : voler les passants] [4 :
police] [5 : fille] [6 : argent ; est parti] [7 : billets ou or] [8 : objet] [9 :
menottes] [10 : ivre] [11 : Notes]

FLASHEY JOE [Notes] [1826]

[Par R. MORLEY dans *Universal Songster*, ii. 194].

je

Alors qu'un jour Flashey Joe passait
dans les rues de Londres, si joyeux, un poisson qui pleurait, il aperçut une
jeune fille. C'était la fierté de Tothill, douce Molly ! , prends ton propre bus,
cher Joe" ; [2]Elle s'est détournée, hélas ! c'est vrai Et ils ont hurlé : "Voici
du maquereau vivant, O ! Quatre un shilling, du maquereau, O ! Tous
vivants, O ! Du nouveau maquereau, O."

II

Je dis : "Miss Moll, ne renversez pas ce jeu, [3]
Vous savez comment cela ne fonctionnera pas ; pour vous, j'ai fraisé le flash
Dustman Sam [4] Qui a rendu vos mirettes noires et bleues. [5] Vhy, alors
tu as juré que tu serais gentil Mais tu as tellement été bizarre ces derniers
temps, [6] Et toujours changeant comme le vent, Alors maintenant je vais
brosser et vendre mon patin. [7] Acheter mon patin, etc.

III

Elle a pleuré : "Maintenant, Joe, pourquoi me traiter mal ?
Tu sais que je t'aime comme ma vie !
Quand j'ai abandonné Sam et Will,
et promis de devenir ta femme, tu as tout rattrapé avec Brick-dust Sall [8]
Et je suis allé vivre avec elle à quod ! [9] Alors je vais partir avec mon
maquereau [10] Et tu peux t'enfuir avec ta morue salée. Voici le maquereau,
etc.

IV

Je ne pouvais pas me séparer d'elle, voyez-vous.
Alors je dis à Moll d'arrêter de pleurnicher ; [11] "Tes boutons haletants et tes yeux brillants [12] Fais-moi juste t'aimer comme le diable." "Eh bien," dit-elle, "viens donner la parole à ton père, [13] Et prenons un drap de gin, et puis-je m'étouffer avec l'alose à œufs durs si j'abandonne mon Joe Herring. Quatre le shilling, etc.

[1 : bouche ; mouchoir en soie] [2: baiser] [3: parler comme ça] [4: combattu] [5: yeux] [6: a agi étrangement] [7: s'en aller] [8: pris pour maîtresse] [9: prison] [10 : marcher] [11 : pleurer] [12 : paps] [13 : serrer la main]

MA FEMME AGRESSIVE [Notes] [1826]

[Par JAMES BRUTON. *Chanteur universel*, iii. 103].

je

Pourquoi vous allongez-vous dans ce fossé, si confortablement,
Avec de la merde et de la crasse trahies [1] Avec les cheveux qui pendent le long de votre patte [2] Ma servante agressive ?II

Dis, Moll en train d'agresser, pourquoi ce chiffon rouge [3]
Qui m'a souvent consterné Pourquoi est-il maintenant si muet dans le magazine, [4] Ma servante qui agresse ?

II

Pourquoi vole-t-il l'alcool à travers ton museau, [5]
Avec le bleu du mûrier paré, Et pourquoi de la gorge vole-t-il le hoquet à Ma servante agressive ?

IV

Pourquoi ta tasse est-elle si pâle et bleue, [6]
Dans la boue et la boue tu es couchée ; Dis, qu'as-tu maintenant, Ma servante agresseuse ?

V

Le flacon qui est apparu dans sa famille [7]
Le ronflement que son conk trahissait, [8] M'a dit que le max de Hodge s'était pédé [9] Ma femme de chambre agressée.

[1 : Notes] [2 : oreille] [3 : langue] [4 : parole] [5 : boisson] [6 : bouche] [7 : main] [8 : nez] [9 : Notes ; a eu raison de]

PAUVRE LUDDY [Notes] [b. 1826]

[Par T. DIBDIN. *Chansonneur universel* , Vol. iii].

Pendant que je marchais sur le Strand,
Luddy, Luddy, Ah, pauvre Luddy, IOAs, je marchais sur le Strand, Les
pièges m'ont attrapé d'une manière incontrôlable [1] Luddy, Luddy, Ah,
pauvre Luddy, IO Pendant que je marchais , etc.

J'ai dit, gentille justice, pardonne-moi,
Luddy, Luddy, Ah, pauvre Luddy, IOSai-je dit, gentille justice, pardonne-
moi, Ou Botany-Bay je verrai bientôt Luddy, Luddy, Ah, pauvre Luddy, IO
J'ai dit, gentille justice , etc.

Les sessions et les tailles approchent,
Luddy, Luddy, Ah, pauvre Luddy, IOSessions et les tailles approchent, je
préférerais que tu sois pendu plutôt que moi. Luddy, Luddy, Ah, pauvre
Luddy, IO Les sessions et les tailles, etc.

[1 : policiers ; arrêté]

LE CHAUNT DU PICKPOCKET [Notes] [1829]

[Par W. MAGINN : étant une traduction de la chanson de Vidocq, "En
roulant de vergne en vergne"].

je

Comme de ken en ken j'allais, [1]
Faire un peu sur le prigging lay, [2] Qui devrais-je rencontrer mais un joyeux
soufflé, [3] Tol mdr, mdr mdr, tol dirol lay; Qui devrais-je rencontrer mais
un joyeux soufflé, Qui volait à l'heure du jour. [4]

II

Qui devrais-je rencontrer sinon un joyeux soufflé,
Qui volait à l'heure de la journée, j'ai crépité en flash comme un covey
sachant, [5] Tol, mdr, etc. 'Oui, bub ou sale, dis-je ?' [6]

III

J'ai crépité en flash comme une covey sachant :
« Oui, bub ou sale, dis-je ? » « Beaucoup de bavardages », dit-elle, ça coule à
flots [7] Tol mdr, etc.]

IV

Beaucoup de gatter, dit-elle, coule à flot. Prête
-moi un ascenseur à la manière familiale. Tu as peut-être un berceau à
ranger. Tol mdr, etc. Bienvenue, mon pote, comme les fleurs en mai.

V

Tu as peut-être un berceau pour ranger,
Bienvenue, mon pote, comme les fleurs en mai. À sa connaissance, je vais
tout de suite à Tol mdr, etc. Où dans un coin à l'écart,

VI

À sa connaissance, j'entre immédiatement.
Où dans un coin à l'écart, avec son odorateur, une trompette sonne [9] Tol
mdr, etc. Une crique à houle régulière et luxuriante. [dix]

VII

Avec son odorateur, une trompette souffle
Une crique à houle régulière et luxuriante, À ses clies mes hameçons je jette
[11] Tol mdr, etc. Et le collier de ses dragons s'en va. [12]

VIII

À ses clies, je jette mes hameçons,
et le collier de ses dragons s'en va, puis je mets son ticker en avant, [13] Tol
mdr, etc. Et ses oignons, sa chaîne et sa clé. [14]

IX

Puis son téléscripteur, j'ai lancé
Et ses oignons, sa chaîne et sa clé ont ensuite glissé de ses vêtements du
bas, Tol mdr, etc. Et sa tête de gingembre gay. [15]

X

Ensuite, il a enlevé ses vêtements du bas
et sa tête rousse gay. Puis ses autres articles rangés, [16] Tol mdr, etc. Le
tout avec le butin, je m'enfuis. [17]

XI

Puis son autre toggerie rangeant
Tout avec le butin, je m'enfuis. Piétinez-le, piétinez-le, mon joyeux soufflé,
Tol mdr, etc. Ou soyez attrapé par les becs, nous pouvons. [18]

XII

Piétinez-le, piétinez-le, mon joyeux soufflé
Ou soyez attrapé par le bec, nous pouvons. Et nous ferons des cabrioles au
talon et au pied, Tol mdr, etc. Un cornemuse de Newgate un beau jour. [19]

XIII

Et nous allons cabrer au talon et au pied
d'un cornemuse de Newgate un beau jour Avec les mots que leurs ogles
lancent [20] Tol mdr, etc. Et le vieux Cotton fredonnant sa prière. [21]

XIV

Avec les mots que leurs oeils lancent
Et le vieux Cotton fredonnant sa prière, Et les chasseurs de brouillard
faisant Tol mdr, etc. Leur matin faux dans le prigging lay.

[1 : boutique ; maison] [2 : vol] [3 : fille, pute, chérie] [4 : 'mignonne en affaires] [5 : parlait en argot] [6 : boisson et nourriture] [7 : porteur, bière] [8 : famille = confrérie des voleurs] [9 : nez] [10 : gentleman ; ivre] [11 : poches ; doigts] [12 : prendre ses souverains] [13 : montre] [14 : sceaux] [15 : chapeau] [16 : vêtements] [17 : pillage] [18 : pris ; police] [19 : pendaison] [20 : fille ; yeux] [21 : Notes]

SUR LE LAY DE PRIGGING [Notes] [1829]

[Par HT R…. : une traduction d'une chanson d'argot français ("Un jour à la Croix Rouge") dans *les Mémoires de Vidocq* , 1828-9, 4 vol.]

je

Dix ou une douzaine de « coqs du jeu », [1]
Sur le pont du flash-house sont venus, [2] Ruine bleue luxuriante et très humide [3] Jusqu'au darkey, quand le duvet s'est couché. [4]Tous trottinaient et commencèrent la chasse Aux lecteurs, aux bavards, aux brouillards ou aux émoussés. [5]

II

Quel que soit le butin que nous ayons la chance d'obtenir, [6]
Tout n'est que poisson qui vient au filet : Faites attention à vos yeux et tirez le joug,
Ne dérangez pas et n'utilisez pas les gens mal.
Faites attention si les becs sont proches, [7] Et coupez votre bâton avant qu'ils ne s'envolent. [8]

III

Alors que je traversais St James's Park,
j'ai rencontré une houle, une étincelle bien allumée. [9] Je m'arrête un peu : puis je vais plus vite, Car j'avais branché son lecteur, tiré son téléscripteur ; [10]Puis il appelle : « Arrêtez le voleur ! » Je pense, mon maître, que c'est un indice pour moi de mizzler plus vite. [11]

IV

Lorsque douze cloches ont sonné, les prigs sont revenus, [12]
Et ont frappé au ken de l'oncle —— : [13] "Oncle, ouvre la porte de ton
berceau si tu partages le butin, ou si tu as un verre. [14] Dégagez vite le
verrou de votre ken, ou nous ne débourserons pas un chargeur, vieux ——
." [15]

V

Alors l'oncle dit, dit-il à son souffle, [16]
"Vous branchez ces criques, ma mote le sait ? [17] Sont-ils des étrangers,
chérie ? [18] Sont-ils des chasseurs de brouillard, ou Les crackmen sont
instruits ? [19] Sont-ils des criques du ken, tu sais [20] Dois-je les laisser
entrer ou leur dire de partir ? »

VI

"Oh! Je les connais maintenant; donnez mes culottes -
je suis toujours à l'affût des affaires - c'est une raison pour laquelle un
homme devrait se lever à toute heure pour le bien de sa maison, le haut du
matin, gemmen all, [21] Et pour vos vants, je vous prie d'appeler."

VII

Mais maintenant les becs sont sur la scène, [22]
et surveillaient au clair de lune où nous allions : — nous ont fait marcher en
trottinant dans le ken, [23] et se sont abattus sur nous tous ; et ensuiteQui
devrais-je espionner à part l'étincelle qui gifle [24] Ce que j'ai soulagé du
butin à St James's Park. [25]

VIII

Il y a un temps, dit le roi Sol, pour danser et chanter ;
Je sais qu'il y a un temps pour autre chose : il y a un temps pour jouer de la
pipe et un temps pour pleurnicher - Je souhaite à tous les Charlies et à tous
les becs de plonger : [26] Car ils m'ont attrapé sur le coup de pied, Et je sais
que je suis réservé pour Bot'ny Bay. [27]

[1 : pickpockets] [2 : jeu de voleur ; rendez-vous des voleurs] [3 : boire du
gin ; porteur] [4 : soir ; soleil] [5 : portefeuilles ; montres; mouchoirs; argent]
[6 : pillage] [7 : police] [8 : courir ; avant qu'ils ne vous voient] [9 : bien
habillé] [10 : volé son portefeuille et sa montre] [11 : courir] [12 : voleurs]
[13 : maison] [14 : pillage ; pièce de monnaie] [15 : donne-toi un demi-
penny] [16 : femme] [17 : connue ; Hommes; maîtresse] [18 : sûr de
confiance] [19 : pickpockets ; cambrioleurs] [20 : de notre bande] [21 : une
salutation joyeuse] [22 : police] [23 : nous a vu partir] [24 : dandy] [25 :
dépouillé du pillage] [26 : police et magistrats] [27 : transporté]

LA LAMENTATION DU GAL [1829]

[Par HTR dans *les Mémoires de Vidocq* , Vol III. 169].

je

Heureux les jours où je travaillais loin,
Dans ma file habituelle dans le prigging, [1] Faisant de ceci, de cela, et de l'autre, Une vie bien rangée et sans aucun souci: Quand mon petit berceau était rangé de cadeaux, [2] Et mon cly était un sac d'argent doublé d'un voile, [3] J'étais joyeux, car je ne craignais aucun mal, je m'amusais pour rien et je m'en remettais au diable.

II

J'avais, à côté de mon blunt, mon soufflé, [4]
'Si gay, si fou et si connaisseur' [5]Sur la meilleure bouffe que nous vivions, [6] Et six pence le quartern pour le gin que j'ai donné; Mon toggs était le plus sportif pouvait acheter, [7] Et j'ai été une gifle pure et simple. Avec mon mot sur mon bras et ma tuile sur ma tête, [8] "C'est un gemman", chaque von disait.

III

En revenant de Wauxhall la nuit,
j'ai complètement dégagé une crique bourbeuse ; [9]
Il s'était pavané comme un roi,
et sur ses doigts il arborait une bague, un diamant scintillant, flash et sachant, je pense, je vais surveiller le chemin qu'il va, et tondre mon gemman proprement et intelligent, alors au moins je ferai de mon mieux.

IV

Après, les chants et les feux de joie sont terminés,
je suis mon gemman le chemin qu'il entretenait ; dans un coin sombre, je trébuche sur ses talons, puis pour son bavard et son lecteur, je sens, [10] je mets son blunt dans ma poche, et Je dessine sa bague, [11] j'attache ses boucles et tout, et en disant : "Je pense que tu ne peux pas suivre, mec", je me dirige vers Ikey Soloman. [12]

V

Puis il est arrivé, voyez-vous, que ma motard,
jaune un peu à propos du butin que j'avais reçu, pensant que je devrais me moquer et rire, même si je ne donne jamais de paille. [13] S'essaye au truc duveteux , Et des fous dans un magasin, mais précieux vite "Stop au voleur !" était le cri, et elle a été prise, je coupe, je cours et sauve mon bacon.

VI

"Alors", dit-il, dit Sir Richard Birnie, [14]
"Je vous conseille de fouiner sur vos copains et de tourner le [15] Vif d'Or
contre le gang, ce sera le meilleur moyen [16] Pour sauver votre merde ".
Puis, sans délai, [17] Il a tellement pleuré sur la varmint perfide Qu'elle a été
noyée par le sarmint de Bow St. [18] Puis ils m'ont attrapé avec les becs, et
j'ai été traîné en prison [19] Et pendant quatorze ans de ma vie, j'ai été en
retard. [20]

VII

Mon mot doit maintenant vieillir,
et moi aussi si l'on dit la vérité ; mais le seul moyen d'avancer dans le
monde, c'est d'aller avec le courant, et peu importe où nous tournons, de
supporter tous les frottements ; et même nous souffrons
d'espérer la douceur, mais nous nous sentons plus rudes,
quoique très dur, j'avoue qu'il paraît, d'être en retard, pour une alouette,
depuis quatorze ans.

[1 : vol à la tire] [2 : pillage] [3 : poche] [4 : argent ; maîtresse] [5 : Notes] [6 :
nourriture] [7 : vêtements ; argent] [8 : chapeau] [9 : ivre] [10 : montre ;
portefeuille] [11 : empocher son argent] [12 : s'enfuir] [13 : se livrer à des
plaisanteries] [14 : Notes] [15 : informer] [16 : trahir] [17 : cou] [18 :
persuadé] [19 : police; arrêté] [20: transporté]

"NIX MA POUPÉE, PALS, FAKE AWAY" [Notes] [1834]

[Par W. HARRISON AINSWORTH, étant le chaunt de Jerry Juniper à
Rookwood .]

Dans une boîte de la cruche de pierre je suis né, [1]
D'une veuve de chanvre, l'enfant abandonné, [2] Fais semblant ! [3]Et mon
père, comme j'ai entendu dire,Était un marchand de câpres gay, [4]Qui a
coupé sa dernière aventure avec de grands applaudissements.Nix ma
poupée, les amis, faites semblant ! [5]Au moment de s'étouffer
copieusement avec une sauce aux câpres. [6] Faites semblant! Les coups de
poing dans ce qu'ont fait mes écoliers, [7] Faites semblant! Et m'a mis au
courant de l'heure de la journée, [8] Jusqu'à ce qu'enfin il n'y ait personne
qui le sache, Aucun tel sournois ou buzgloak ne va, [9] Faux-fuyants ! Les
brouillards et les faons partirent bientôt, [10] Faux-fuyants ! Jusqu'au bec
avec les éternuements en grand déploiement, [11] Aucun chasseur factice
n'avait de fourchettes aussi volantes, [12] Aucun knuckler si adroit, ne
pouvait simulez un cly, [13] simulez ! Aucun hoxter slourd mes bécassines
ne pourraient rester, [14] simulez ! Aucun lecteur comme moi n'est à l'écart.
[15] Bientôt, je suis monté dans la rue gonflée, Nix ma poupée, mes amis,
faites semblant! Bientôt, je suis monté dans la rue gonflée. Et j'ai arboré
mon toggery le plus flashy, [16] Faites semblant! Fainly résolu que je ferais

mon foin,
faites semblant!
Tandis que l'étoile de Mercure jetait un seul rayon ; et jamais on n'a vu un connard aussi fringant, Avec mon strummel simulé dans la plus récente brindille, [17] Fais semblant ! Avec mes fammies fauves et mes oignons gais, [18] Fais semblant ! Mon dé à coudre et mon driz kemesa, [19] Tous mes vêtements ressemblaient tellement à des plumes et à des plash. [20]Je pourrais alors facilement briser les écrans bizarres. [21] Faux! Mais ma plus folle a explosé un beau jour, [22] Faux! Son homme de fantaisie a trahi ses becs, [23] Et c'est ainsi que j'ai finalement été renversé, Et dans la cruche pour un décalage a été jeté , Faites semblant ! Mais j'ai glissé mes darbies un matin de mai, [24] Et j'ai donné des vacances au doubleur, [25] Et me voilà, copains, joyeux et libres, Un romani régulier et joyeux. [26]

[1 : cellule ; Newgate] [2 : femme dont le mari a été pendu ; enfant] [3 : travailler !] [4 : maître de danse] [5 : tant pis, amis] [6 : pendaison] [7 : voleurs ; prison] [8 : m'a appris à voler] [9 : voleur à l'étalage ; pickpocket] [10 : mouchoirs en soie ; anneaux] [11 : prêteurs sur gages ; tabatières] [12 : carnet de poche ; doigts agiles] [13 : pickpocket ; voler] [14 : poche intérieure boutonnée] [15 : voler un portefeuille] [16 : vêtements les mieux confectionnés] [17 : coiffé ; mode] [18 : mains ornées de bijoux ; sceaux] [19 : montre en or ; chemise à volants en dentelle] [20 : vêtements ; à la mode; bien] [21 : faux billets ; passer] [22 : fille préférée] [23 : magistrats ; chérie] [24 : menottes] [25 : gardien] [26 : gitan]

LE JEU DE HIGH TOBY [Notes] [1834]

[Par W. HARRISON AINSWORTH à *Rookwood*].

je

Maintenant Oliver met son bonnet de nuit noir, [1]
Et chaque étoile que sa lueur cache, [2] Et le coquin est parti dans la bruyère, [3] Son incomparable cabriolet noir cerise chevauche ; [4] Joyeux au-dessus du Commun, il vole, Rapide et libre comme le fracas d'une fusée, Son vizard couvert de crêpe tiré sur ses yeux, Son tol à ses côtés et ses pops dans sa poche. [5]

Refrain .

Alors, qui peut nommer
un jeu si joyeux, comme le jeu de tous les jeux : high-toby ? [6]

II

Le voyageur l'entend, loin ! loin!
Il court à travers la lande large et large ; il ne tient pas compte de l'appel de la foudre à rester, mais il se dépêche de plus en plus vite,

Mais quel coupe-marguerite peut égaler cette mésange noire ? [7]
Il est attrapé – il doit « se tenir debout et délivrer » ; puis sortir avec le
mannequin, et partir avec le mors, [8] Oh ! le jeu du high-toby pour
toujours !

Refrain .

Alors, qui peut nommer
So Merry A Game comme le jeu de tous les jeux : high-toby ?

III

Croyez-moi, il n'y a pas de jeu, mes braves garçons,
comparable au jeu du high-toby ; aucun ravissement ne peut égaler les joies
du tobyman, [9] Aux diables bleus, les plombs bleus donnent le passage ;
[10] Et si enfin, les garçons, il en venait à la merde ! [11] Même le rack
punch a *un peu* d'amertume,
Pour la jument à trois pattes, les garçons, je m'en fous, [12] Ce sera fini dans
moins d'une minute !

Refrain .

Alors hip, hourra !
Jetez les soucis ! Hourra pour le jeu de high-toby !

[1 : la lune] [2 : lumière] [3 : bandit de grands chemins] [4 : cheval noir] [5 :
épée ; pistolets] [6 : vol sur route] [7 : cheval de flotte ; cheval] [8 :
portefeuille] [9 : bandit de grands chemins] [10 : balles] [11 : potence] [12 :
potence]

LA DOUBLE CROIX [Notes] [1834]

[Par W. HARRISON AINSWORTH, à *Rookwood*]

je

Bien que nous ayons tous entendu parler de combats de crost,
et de certains gains, par certains combats perdus, j'imagine plutôt que c'est
une nouvelle, comment dans un moulin, les deux hommes devraient perdre
; [1] Car ici les chances sont ainsi rendues égales, Il joue les diables avec
Steven : [2] En outre, contre toute règle, ils pèchent, Vere n'a aucune
chance de gagner. Ri, tol, mdr, etc.

II

Deux anses de fraisage, chacune vide éveillée,
Vere a soutenu pour se battre pour un enjeu lourd; match serré ; ils ont pelé

avec style et les paris ont été faits, [4] 'Tvos six à quatre, mais peu ont pris. Ri, tol, mdr, etc.

III

Le moulin commença avec précaution,
car ni l'un ni l'autre ne connaissait le plan de l'autre : chaque récolte complètement dans l'obscurité, [5] le vote pouvait être la marque de son voisin ; Alors ils se battaient l'un contre l'autre, se disputaient un peu et esquivaient. Ri, tol, mdr, etc.

IV

Vith mawleys levés, Tom courba le dos, [7]
Comme pour placer un gros coup de poing ; Vile Jem, avec un bouchon soigné de la main gauche, menaça directement Tommy avec un topper ; « C'est tout mon œil ! pas de claret ne coule, [8]Aucun son de facers, pas de coups fracassants, Cinq minutes passent, mais pas un coup, Comment cela peut-il finir, mes amis ? — attendez un peu. Ri, tol, mdr, etc.

V.

Chaque crique vos déchiré avec un double devoir,
Pour plaire à ses partisans, tout en jouant au butin, [9] Ven, heureusement pour Jem, un caissier Vos planté juste sur son odorateur [10] Down le laissa tomber, abasourdi ; même le temps était appelé Secondes en vain les secondes braillaient; Le moulin est o'er, le crosser crost, Les perdants von, les vignerons perdus.

[1 : combat] [2 : argent] [3 : homme] [4 : dépouillé] [5 : camarade] [6 : Notes] [7 : mains] [8 : sang] [9 : les tromper] [10 : nez]

LA CHAUNT DES VOLEURS [Notes] [1836]

(Par WH SMITH dans *L'Individu*)

je

Il y a un coin dans le coin où l'on boit, [1]
Où je fume plus d'une tasse, [2] Et la fumée s'enroule doucement, tandis que le cousin Ben continue de remplir les pots encore et encore, Si les criques ont assommé leur porc. [3]

II

Les liqueurs alentour sont éclatantes de diamant,
Et le diddle est le meilleur de tous ; [4] Mais je n'ai jamais pris plaisir aux liqueurs, Car les liqueurs, je pense, ne sont qu'une bouchée, [5] C'est pourquoi j'appelle pour les fortes pluies. [6]

III

Le lourd mouillé dans un litre d'étain,
Aussi brun que la teinte d'un blaireau, Plus que du lait Bristol ou du gin, [7]
Du brandy ou du rhum, j'en bois, Avec ma chérie soufflée, Sue. [8]

IV

Oh! [9]
C'est une chose richement douce et savoureuse ; Un chapon du Norfolk est
une joyeuse larve [10] Quand vous le lavez avec la force du bub : [11] Mais
les baisers de Sue me sont plus chers de loin,
que les grognements de bec ou d'autres larves le sont,
Et je n'ai jamais funk les hommes en peau d'agneau, [12] Quand je m'assois
avec elle dans le ken alcoolique.

V

Ses ratés sont bob - c'est une crack kinchin, [13]
Et j'espère qu'elle ne reviendra jamais; Car elle ne mange jamais de soupe
ou de genoux de chien, [14] Mais elle aime le robinet de mon cousin le
bluffeur. [15] Elle est bien éveillée, et ses bavardages trichent, [16] Car
fredonner une crique n'a jamais été battu ; [17] Mais parce qu'elle a
récemment apporté de l'étain, [18] Ils l'ont envoyée loger à l'auberge de
King's Head. [19]

[1 : pub] [2 : tuyau ; fumée] [3 : payé un shilling] [4 : gin] [5 : fumisterie] [6 :
porter] [7 : sherry] [8 : maîtresse] [9 : porc] [10 : hareng rouge] [11 :
beaucoup de bière] [12 : juges] [13 : vêtements ; soigné; belle jeune femme]
[14 : boit de l'eau ou du thé] [15 : aubergiste] [16 : langue] [17 : tromper un
homme] [18 : volé ; argent] [19 : Newgate ; Remarques]

LA CHANSON DU BREAKER DE MAISON [Notes] [c. 1838]

[Par GWM REYNOLDS à *Pickwick à l'étranger*].

je

Je n'ai jamais été nez, car les habitués venaient [1]
Chaque fois qu'une pannie était prête :— [2] Oh ! qui gazouillerait pour
déshonorer son nom, et trahirait ses copains dans un jeu nibsome [3] Aux
pièges ?—pas moi pour ma part ! [4] Que les nobs du commerce des
fourrures tiennent leur mâchoire, [5] Et que la cruche soit libre : - [6] Que la
poussière de Davy et une griffe bien fausse [7] Pour les criques fantaisistes
soient la seule loi, [8] Et un cracmol à double langue pour tenir en haleine
[9] Les types qui me narguent !

II

Du matin au soir, nous boirons un ken, [10]
Et nous ferons circuler le bingo ; [11]Au crépuscule nous ferons notre chance, et alors, [12]Avec nos bourreaux si frais, et nos joyeux compagnons, Nous écumerons le sol solitaire.Et si la houle résiste à notre "Stand!" Nous allons cracher sans plaisanter ; [13]
Car je ricanerai si nous sommes trépanés. [14]
Par la mâchoire bruyante d'une main connaissante, et si nous sommes ainsi traînés vers un pays étranger, ou si nous mourons à cause d'un artichaut. [15]

III

Mais si les pièges sont en catimini,
Pour changer, nous aurons une chance ; [16] Nos besoins fourniront les berceaux les plus riches. [17] Ou nous taillerons un brouillard avec les doigts volants, [18] Quand le gros lui tourne le dos. [19] Les objets fragiles que nous pouvons également briser, [20] Ou un téléscripteur adroitement lancé : – [21] Mais si jamais un copain dans les limbes tombait, [22] Il préférerait être gratté immédiatement plutôt que de le dire ; [23] Même si le bavardeur parlait de l'enfer, [24] Et le bec portait sa plus jolie perruque. [25]

[1 : espion policier ; part du butin] [2 : la maison a été cambriolée] [3 : gentleman] [4 : policiers] [5 : plaideurs d'Old Bailey] [6 : prison] [7 : poudre à canon, main adroite pour voler] [8 : voleurs] [9 : arme à double canon] [10 : boire librement] [11 : cognac] [12 : départ] [13 : incendie] [14 : transporté] [15 : pendaison [étranglement copieux]] [16 : cambriolage] [17 : maisons] [18 : voler ; mouchoir] [19 : habile] [20 : passer de fausses notes] [21 : surveiller] [22 : prison] [24 : curé] [25 : magistrat ; le plus beau]

"LE FAUX GARÇON À LA MERDE EST PARTI" [Notes] [1841]

[Par BON GAULTIER dans *Tait's Edinburgh Magazine*].

je

Le faux garçon à la merde est parti, [1]
Au coin du tricheur, vous le trouverez ; [2] La corde de chanvre sur laquelle ils ont ceinturé, Et ses coudes coincés derrière lui. « Écrase mon glim », crie la carte reg'lar, [3] « Même si la fille que tu aimes te trahit, Ne te sépare pas, mais meurs. à la fois ludique et difficile, et des amis reconnaissants vous loueront.

II

Le boulon est tombé, — une secousse, une tension !
Le shérif s'est enfui ; le faux-garçon n'a plus jamais parlé, car ils lui ont arraché les jambes par en dessous.
Et là, il pend sur l'arbre,

cette sorte d'amour et de bravoure ! Oh, que de tels hommes soient victimes de la loi, et de la vile friponnerie de la loi.

[1 : pickpocket ; potence] [2 : potence] [3 : explose mes yeux !]

LE NUTTY SOUFFLÉ [Notes] [1841]

[Par BON GAULTIER dans *Taits Edinburgh Magazine*].

je

Elle portait un rouge comme des roses, la nuit où nous nous sommes rencontrés pour la première fois,
sa jolie tasse souriait sur les tasses de forte humidité ; [1] Ses lèvres rouges avaient la plénitude, sa voix le ton rauque, qui disait que sa boisson était d'un genre où l'eau est inconnue. Je ne l'ai vue qu'un instant, mais il me semble que je la vois maintenant, avec la floraison de fleurs empruntées sur sa joue et son front.

II

Lors de notre prochaine rencontre, elle portait une paire de dardies en fer, [2]
L'expression de ses traits était plus réfléchie qu'auparavant ; et, debout à ses côtés, était celui qui s'efforçait avec force et détermination de l'apaiser en quittant cette chère terre qu'elle je ne la reverrai peut-être plus. Je ne l'ai vue qu'un instant, mais je pense que je la vois maintenant, alors qu'elle a fait une révérence au juge et qu'il lui a fait un arc.

III

Et une fois de plus je vois que ce front ne contient pas de rouge inutile.
La main impitoyable du dubsman a coupé ses cheveux autrefois luxueux ;
[3] Elle taquine le chanvre dans la solitude, et il n'y a personne à proximité, pour serrer sa main dans la sienne et demander de la bière au gingembre. Je ne l'ai vue qu'un instant, mais il me semble que je la vois maintenant, avec la carte et le chahut. dans sa main, une taquinerie de ce câble.

[1 : visage ; porteur] [2 : menottes] [3 : geôlier]

LE NOUVEAU TOAST DU FAKER [Notes] [1841]

[Par BON GAULTIER ("Nimming Ned") dans *Tait's Edinburgh Magazine*]

je

Venez, vous tous, joyeux covies, faites semblant d'admirer, [1]
et engagez-les comme auteurs britanniques qui aspirent à notre lignée ; qui, s'ils n'étaient pas nés en pierres précieuses, comme nous, s'étaient lancés dans le commerce,

et tout le monde l'avait transformé en un véritable lame de fantaisie, [2]
Et un atout.

II

Ce sont eux qui connaissent le monde, ce sont eux qui connaissent
l'humanité,
et ils auraient fait aussi ses poches, si la Fortune (vous êtes aveugle) n'avait
pas eu à contrarier leur génie, à les coincer dans une fausse position, alors
ils ne peuvent que écrire sur leur mission, pas l'exécuter, comme un atout.

III

S'ils continuent comme ils ont commencé, les choses arriveront bientôt,
et nous serons la classe supérieure et chasserons les autres ; leurs lois nous
exécuterons nous-mêmes et élèverons leur hévelation, c'est du tac au tac,
car ils ça ferait la seule recréation d'un atout.

IV

Mais attrape-nous ! Attendez seulement un peu, et nous serons leurs
meilleurs ;
Car nos plus vifs remerciements sont dus aux hommes de lettres, qui, bons
à tous, nous ont montrés sous notre propre jour, et ont prouvé que nous
étions fiers de la gloire, et tout cela parce que c'est vrai [3] Dans un atout.

V

C'est comme ça qu'est la mode : Jack Sheppard est le go |4|
Et chaque mot de « Nix mes poupées » les plus belles dames connaissent ;
Et même un homme que son vortin ferait, vy, vot pensez-vous que c'est
son vay ? C'est ce que nous avons l'habitude de faire : il va à Botany Bay
comme un atout.

VI

Alors remplissez vos verres, Dolly Palls, vy devraient-ils être négligés,
tout comme ils font de leur mieux pour maintenir la ligne comme nous
l'avons choisi ? Pour eux, comme fait la vie du Crackman, le sujet de leur
histoire, [5] Pour Ainsworth et pour Bullvig, et à Reynolds soit la gloire, [6]
Jolly Trumps.

[1 : boursiers ; voler] [2 : pickpocket] [3 : voler] [4 : mode] [5 : cambrioleur]
[6 : Notes]

MA MÈRE [Notes] [1841]

[Par BON GAULTIER dans *Tait's Edinburgh Magazine*].

je

Qui, quand j'étais bébé, maigre et maigre,
j'appelais du pap et faisais du vacarme, me berçait avec des verres de gin
britannique ? — Ma mère.

II

Quand j'étais en fête,
et que je ne rentrais à la maison qu'à deux ou trois heures, qui était-ce alors
qui me donnerait un coup de poing ?— Ma mère.

III

Qui, lorsqu'elle rencontrait une forte houle, [1]
Le soulagerait si bien de sa lingette, [2] Et m'embrasserait pour ne pas aller
le dire ? — Ma mère.

IV

Qui m'a retiré de mon jeu d'enfant,
Et m'a appris à faire semblant. Et m'a mis au courant de l'heure de la
journée ?— [3] Ma mère.

V

Qui me regarderait dormir sur ma chaise,
Et sournoisement réparer mon gousset, [4] Et ne me laisserait pas un
mopus là-bas ? — [5] Ma mère.

VI

Qui, à mesure que je grandissais sous ses soins,
a appris à mon jeune esprit une chose ou deux, surtout les appartements à
faire ? — [6] Ma mère.

VII

Je serai heureux si jamais je voyais,
Un atout aussi régulier qu'elle : C'est à toi que je dois toutes mes vertus, —
Ma mère.

VIII

Alors, mes amis, la boisson,
mon histoire et mon verre sont sortis, un pare-chocs, les garçons, et avec
moi criez : ma mère.

[1 : homme bien habillé] [2 : mouchoir] [3 : m'a rendu rusé] [4 : poche] [5 :
penny] [6 : les stupides]

LES HAUTS-PADS S'ébattent [Notes] [1841]

[Par LEMAN REDE, étant le duo de Kit et Adelgitha dans *Sixteen String Jack*].

Adé. Crissy odsbuds, je vais continuer avec mes ratés, [1] Et au-dessus de l'eau nous nous enflammerons ; *Trousse.* Entraîneurs et prads, filles et garçons, [2] Et les violoneux seront là. *Adé.* Là, la beauté rougit de mille feux, *Kit.* Le punch est chaud et fort, _Les deux._Et là, nous allons le fouetter, le fouiller, le fouetter, le sauter et le faire trébucher !

II

Adé. Il y a Charley Rattan, et le chic Jack Rann,
et le géant Giles McGhee ; il y a Sidle si mince et si flamboyant Tim, et tous se moquent de moi.
Trousse. Hadelgitha – platoniquement, Christopher !
Adé. Mais Charley, Jack et Tim
peuvent en vain exercer leur esprit. Car je vais encore le danser, le caracoler, le danser, m'enflammer avec Kit !

II

Trousse. Il y a Kate qui gambade, et Bet qui s'amuse,
et Slammerkin Sall si grand, et Poll aux yeux leary, et Moll aux yeux bleus — Soufflez-moi, je les aime tous ! Christopher — platoniquement, Hadelgitha ! Mais Winny, pas Jenny, ni Sue, Shall sevrer ce cœur de toi — Alors ainsi je vais le trébucher, le lèvre, le trébucher, le trébucher avec Hadelgitha !

IV

Trousse. Le matin peut se lever aussi sûrement que ta naissance, *Ade.* Nous nous trouverons dansant seuls , *Kit.* Je vais me faire pirater, je pars dans une fissure, [3] *Ade. Un* Darby et Joan élégants ! Comment les vulgaires vous regarderont-ils en vous voyant sportivement ! _Both._Car personne ne peut l'éclabousser, l'écraser, l'éclabousser, *Crissy Addy,* petite toi et moi.

[1 : vêtements] [2 : chevaux] [3 : instantané]

LE DASHY, SPLASHY…. PETIT STRINGER [Notes] [1841]

[Par LEMAN REDE, étant la chanson de Kit dans *Sixteen-String Jack*].

je

Une nuit nuageuse et assez violente,
le petit limon fringant, éclaboussant et instruit, [1] monta sur son rouan et prit la route... Phililoo !

« Monseigneur Cashall est en route ce soir.
A bas les gars, faites descendre mon seigneur — Ran dan row de dow, c'est parti ! *Chœur.* —Ran, Dan, etc.

II

"Espèce d'horrible misérable", dit mon seigneur à Rann...
Le petit limon fringant, éclaboussant et instruit... "Comment oses-tu voler un gentleman ?" Phililoo !

Dit Jack, dit-il, avec son phiz connaisseur, [2]
"Je ne sais pas très bien qui c'est ! Ran dan row de dow, on y va !" *Chœur.* — Ran, Dan, etc.

III

Nous avons mis le collier au blunt, sommes partis pour la ville, [3]
Avec le petit limon fringant, éclaboussant et méfiant, les chevaux ont été renversés, les hommes renversés — Phililoo !

Nous avons ensuite aperçu une voiture de dame,
j'ai mis le collier, Jack a sauté à l'intérieur, Ran et Row de Dow, c'est parti !
Chœur. —Ran, Dan, etc.

IV

Jack ôta son chapeau d'un air enjoué.
Le petit limon fringant, éclaboussant et instruit.
Et il embrassa les lèvres de la belle dame.
Phililoo !

Elle a poussé un soupir, et son air disait clairement :
Je m'en fiche si je me fais encore voler ! Ran dan row de dow, c'est parti !
Chœur. —Ran, Dan, etc.

[1 : cheval fougueux] [2 : clin d'œil] [3 : argent]

LE BOULD YEOMAN [Notes] [1842]

[Par PIERCE EGAN dans *Capitaine Macheath*].

je

Un chant que je vais vous raconter à propos d'un copain High-pad si déprimé, [1]
Avec ses pops et son prad de haute race qui lui ont valu la renommée ;
[2]Sur la route, il a fait un sprint, c'était un délice pour lui ! Et si les abattages ne se rendaient pas, il montrait le combat des enfants ! [3] Avec sa pop si lumineuse et aérienne, Et son prad tel une fée, Il est sorti pour choper l'or ! [4] Derry vers le bas, vers le bas, vers le bas, Derry vers le bas,

II

Il rencontra un yeoman et lui dit de se lever ;
"Si je le fais, je suis damné !" dit-il, "bien que vous l'ayez bien coupé. Je suis
un vieux fermier anglais, et ne me provoquez pas. J'ai un gourdin, regardez-
vous ici, c'est un morceau de chêne très dur ! Et je vais vous donner de la
sauce, [5] J'en prendrai mon Davy, [6] Si vous essayez de récupérer mon or,
[7] Derry vers le bas."

III

Alors le High-toby gloque tira si bien son coutelas ;
Il dit au fermier : « Toi ou moi pour l'éclat ! » Et ils y allèrent tous deux,
comme deux Grecs d'autrefois, coupant, tailladant, de haut en bas, et tout
cela pour l'or ! "C'était coupé pour coupé pendant que ça durait, Battant,
léchant, dur et vite, Broyant dur pour l'or. [8] Derry vers le bas.

IV

Le High-pad coupa rapidement la serviette du fermier en deux… [9]
Il sortit son fer à aboyer pour envoyer la lumière du jour dans son cerveau ;
[10] Mais il a dit que je ne vous rabaisserais pas, si seulement vous
déboursiez votre tapage avec moi, yeoman - je me contente de frapper
votre bourse ! [11] A bas la poussière et sauvez votre vie, [12] Votre
consentement mettra fin à nos conflits, Votre vie ne vaut-elle pas plus que
l'or ? Derry en bas.

V

Donne l'étain, fermier, tu auras une part. [13]
Une gentillesse, pour un toby gloque, tu dois dire, c'est rare ; peut-être nous
rencontrer, agriculteur, nous serons les meilleurs amis du monde ! Alors
enfourche ton trotteur et va-t'en, [15] Et si jamais tu viens par ici, Prends
mieux soin de ton or ! Derry en bas.

VI

Maintenant, écoutez-moi, les gars, et vous ferez toujours bien
de vider chaque lieu de duc, de roturier ou de gonflement ; [16]Mais si vous
arrêtez un gibier qui n'a rien d'autre que de le plumer, [17]Ne le nettoyez
pas, et vous ne manquerez jamais de chance. [18] Ainsi les High-pads
boivent mon toast, Que l'honneur soit notre vantardise, Et ne cueille jamais
une pauvre récolte de son or. Derry en bas.

LE BRIDLE-CULL ET SON PETIT POP-GUN [Notes] [1842]

[Par PIERCE EGAN dans *Capitaine Macheath*].

je

Mes braves frères soldats, giflez-vous dans la demeure,
Venez m'écouter pendant que je chante "la Route" ; Oh, piquez vos
auditeurs si vous aimez vous amuser [1] Un abatteur de brides est le héros,
et son petit pistolet à pop. [2] Fal, de, roul! mdr! mdr! la!

II

Un matin de bonne heure, il partit, avec cette lame agitée, [3]
ramasser le contondant, et il rencontra une gentille jeune fille ; [4]
"Je ne te volerai pas", dit-il, "et donc tu n'as pas besoin de coucher: [5]
Mais elle s'est enfuie avec style, de son pop-gun afunk [6] Fal, de, rol ! lal !
lal la !

III

Puis une diligence est arrivée, et ainsi le gloque a dit : [7]
Je suis désolé de vous arrêter, mais vous devez entendre mon lai ; "Venez,
levez-vous et délivrez ! sinon, sûr comme le soleil, votre voyage, je
m'arrêterai avec mon petit pistolet à pop. Fal, de, roule ! mdr! mdr!

IV

"C'est grâce à ces petits couchés qu'un High-padsman prospère, [8]
"Oh, prenez tous nos rhinocéros, mais je vous en prie, épargnez nos vies!"
[9] Crier les passagers qui ont hâte que tous s'enfuient, effrayés à mort par
son petit pistolet à pop. Fol, de, rol.

Alors, mes lames, quand vous êtes battus et que vous devez avoir le butin,
[10]
Marchez dans les bavards, les brillants, et ne craignez jamais le décalage ;
[11] Ensuite, parlez à tous les épicés et donnez-leur beaucoup de plaisir,
[12] Et vous n'en aurez jamais envie tant que vous avez un pistolet à pop.
[13] Fol, de, rol ! la!

[1 : oreilles] [2 : bandit] [3 : camarade] [4 : argent] [5 : s'enfuir] [6 : s'en est
allé ; peur] [7 : bandit de grand chemin] [8 : bandit de grand chemin] [9 :
argent] [10 : compagnons ; pas de chance; pillage] [11 : montres ; argent;
transport] [12 : parler ; poliment; donner] [13 : argent]

JACK FLASHMAN [Notes] [1842]

[Par PIERCE EGAN dans *Capitaine Macheath*].

je

Jack Flashman était un con si audacieux,
qui ne soupirait que pour l'or; pour sonder, fouiller n'importe quel clie,
[1]Jack était le garçon, et jamais timide.Fol, de, rol.

II

Jack Long était en ville, un taquin ; [2]
Une lame épicée pour coin ou éternuement ; [3] Pourrait transformer ses cinq en n'importe quoi. [4]
Faites une sieste à un lecteur ou volez une bague. [5]
Fol, de, rol.

III

Jack était tout à fait en jeu, et jamais relâché, [6]
Dans le noir, il essaya le crack ; [7] Frisk'd le hall et le butin; "Je vole à chaque mouvement", se vante-t-il. [8]Fol, de, rol.

IV

Mais Jack, enfin, est devenu trop connu...
A été mis à plat à cause de son souffle ! [9] Elle a pêché, ce qui lui a causé des ennuis. [10] Et puis, j'ai donné un pourboire au pauvre Jack le double ! [11]Fol, de, rol.

V

Jack a laissé la cruche tout à fait joyeusement, [12]
Et il a évacué et noirci l'œil de son doxy ! [13]En disant : écoute, Marm, la prochaine fois que tu te sépareras, je t'achèverai avec un coup de rami ! Fol, de, rol.

VI

Mes lames, avant de terminer ma chasse, [14]
Ici la sauce au chiffon d'un ami ; [15] Ne faites jamais confiance à un jade de fantaisie, car toutes leurs paillettes ne sont que du commerce ! Fol, de, rol.

VII

Qu'on résiste à tous leurs gammons ;
Sans que vous ayez envie de vous tordre ! [16] Et ne jamais se mettre le nez sur soi-même... [17] Vous êtes alors sûr de garder votre pelf.Fol, de, devinette.

[1 : voler ; poche] [2 : homme intelligent] [3 : assiette d'argent ; tabatière] [4 : mains] [5 : portefeuille ; voler une bague] [6 : gras] [7 : soir ; cambriolage] [8 : au courant de] [9 : trahi par sa maîtresse] [10 : a donné des informations] [11 : déserté] [12 : prison] [13 : chérie] [14 : hommes] [15 : conseils] [16 : pendu] [17 : parler de]

Mlle DOLLY TRULL [Notes] [1842]

[Par PIERCE EGAN dans *Capitaine Macheath*].

je

De tous les mots dans cette cruche ici, [1]
il n'y en a aucun comme la délirante Dolly ; Et mais voir sa tasse plus
sombre [2] est une excuse pour la folie. Elle dirige de si précieux appareils
grincheux Avec des coins et des médaillons pinceurs [3] Pourtant, elle est le
toast de tous les connards Même si elle vole les cœurs et les poches.

II

Il suffit de brindiller Miss Dolly d'un bond... [4]
Elle essaie de venir les grâces ! [5] Pour parvenir à sa fin elle ne s'arrêtera
pas Et elle poursuivra toutes les houles. Elle lorgne, hoche la tête et crépite
[6] À chaque cully plat [7] Jusqu'à ce qu'elle le fouille, avec une éclaboussure
[8] De rhinocéros, de coin et de tully. [9]

[1 : femmes ; prison] [2 : joli visage] [3 : vol d'assiette] [4 : voir ; danse] [5 :
agir] [6 : parle d'argot] [7 : type susceptible] [8 : vole ; entièrement] [9 :
argent]

LE COUP DE LA CRUCHE [Notes] [1842]

[Par PIERCE EGAN dans *Capitaine Macheath*].

je

Dans la prison de Newgate, le joyeux gamin est né... [1]
Infamie, il a sucé sans aucun mépris ! Sa maman, son père ne le savait pas,
mais ce n'est pas une chance : Jack était un coup secondaire ! Foddy, loddy,
high O.

II

A peine Jack avait-il enfilé ses jeunes épingles, [2]
que sa maman lui fit commettre de très graves péchés, et elle lui apprit
bientôt à jurer et à mentir, et à mettre la main dans chaque tarte. Foddy,
loddy, high O.

III

Sa maman était duveteuse à chaque gréement, - [3]
Avant qu'il puisse lire, elle lui a fait un con ; [4] Très vite, elle a appris à Jack
à parler et il est sorti en trottinant le matin [5] Foddy, loddy, high O.

IV

Jack avait un œil perçant pour lorgner, [6]
Et bientôt il commença à faire une sieste dans le brouillard ! [7] Et toujours
soucieux de se faire frapper — À peine mûr, il alla sur la fissure. [8] Foddy,
loddy, high O.

V

"Maintenant, ma fille," dit-elle, "tu dois prendre la route
. C'est plus riche que la plus belle demeure, Pour les montres, les bourses et
beaucoup d'or. Un coquin, tu sais, doit toujours être audacieux." [9] Foddy,
loddy, high O.

VI

Sa mère a alors donné quelques conseils à Jack,
à son fils un voleur, qui n'était pas très gentil ; elle dit : « Frayez-vous un
chemin, Jack, et supportez le choc, vous n'êtes d'aucune utilité, mon enfant,
sans le direct, [10] Foddy, loddy, high O."

VII

"Alors continue comme ça, Jack, avec beaucoup de plaisir rare.
Une vie courte, peut-être, mais joyeuse ; tes esquives d'autoroute pourront
alors vivre dans la gloire, tricher Miss-Fortune, et être sûres de mourir en
jeu." Foddy, loddy, high O.

VIII

"Malgré la malchance, ne soyez pas râleur ;
si vous en avez fini avec un gobelet ! [11] Mais jusqu'à la fin de votre vie,
faites un éclat, vous n'êtes pas le premier homme à entrer dans une file. "
Foddy, loddy, high O.

[1 : enfant] [2 : pieds] [3 : accompli ;] [4 : voleur] [5 : rond pour vol] [6 : leer]
[7 : voler ; mouchoir] [8 : cambriolage] [9 : bandit de grands chemins] [10 :
argent] [11 : charrette ; Remarques]

LE BAL DU CADGER [Notes] [1852]

livre de chansons de bandes dessinées populaires de JOHN LABERN . Accordez-
Joe
Buggins.].

je

Oh, quelle flambée épicée, quelle déchirure,
le Festival Terpsickory, a été dirigé par les cadgers distingués de la célèbre
Rookery. Dès que cela a été confirmé, cependant, les vos du vieux St Giles
sont tombés — ils ont tous déclaré , alors ne les aidez jamais, ils se
retrouveraient avec une balle époustouflante ! Tol, mdr mdr, etc.

II

Jack Flipflap a pris l'affaire en main, messieurs...
Qui a parfaitement compris la chose ? Il avait souvent dansé devant le
public, sur les planches, dans les rues. La vieille mère Swankey, elle a
consenti à prêter son logement pour rien... [1]] Elle dit : « La crèche arrive
demain, alors vas-y, comme des haricots et des briques. [2] Tol, mdr mdr,
etc.

III

La nuit est arrivée pour trembler les trotteurs... [3]
Au berceau somnolant de Mère Swankey ; [4] On voyait chaque bourreau
duveteux prendre son morceau de mousseline ou sa côte. [5] Douze
bougies vos plantées dans des navets, suspendues au plafond, bizarre —
l'éclat de triomphe de Bunn n'était que des cornichons Pour ce shandileer
wegetable. Tol, mdr mdr, etc.

IV

Ragged Jack, qu'en est-il des craies "Famine !"
Il avait l'air assez gros et gonflé là-bas - tandis que Dick, qui est "idiot" dans
toute la nation, avait toute la mâchoire parmi les belles. Ned boitant qui
avait amené sa duchesse, à la maison avait laissé ses chevilles en bois - et
Jim, qui l'a cadgé sur des béquilles, Vos est le compagnon le plus agile sur
ses jambes. Tol, mdr mdr, etc.

V

Le prochain arrivé était le vieux Joe Burn,
qui fait les crises à Natur chuff - et Fogg, et Fogg, qui est aveugle chaque
jour à Ho'born, a vu son chemin assez clair, M. Sinniwating Sparrow, Dans
des velours côtelés neufs et agréables,Druv dans sa brouette d'ananas, Qu'il
utilisait pour vendre une tranche gagnante. [6] Tol, mdr mdr, etc.

VI

Le bal a été ouvert par la grosse Mary,
habillée en mousseline pure, [7] et Saucy Sam, surnommé « The Lary », qui
a fait le « *Minuit-on-a-squre* ».
Pendant qu'ils spifflicaient Charley Coker et Jane of the Hatchet-face
divine, je viens de faire le Rowdydowdy Poker, et de Greasy ont pris l'éclat.
[8] Tol, mdr mdr, etc.

VII

Le Sillywarious suivant a été réalisé dans
un style Tip-top, comme il se doit, par Muster et Missus Mudfog,
époustouflants, dont les cheveux bouclés comme un tas de bois. Les gens
souriaient tout autour de leurs visages, "Parce que Mudfog - prince des
dollars flashy —J'avais une paire de taies d'oreiller, une claque
transmogrifiée en canards ! Tol, mdr mdr, etc.

VIII

Le célèbre Pass de Sandwich
Personne ne pouvait refuser de s'y joindre. Six boisseaux sont entrés dessus,
et ils ont disparu en deux secondes environ. La valse du Gatter a ensuite
suivi l'arter. -ly, [10]Jusqu'à ce que Joe Guffin et son dard, soient dans un
état de Fourpen-ny ! Tol, mdr mdr, etc.

IX

Vint ensuite le Pass de Fascination
entre Peg Price et Dumby Dick. Mais Peg avait une telle société, il la laissa
tomber comme une brique rougeoyante. La société était tellement ravie
qu'ils jetèrent des *seaux* de fleurs de vallée.
un tas de navets, qui faillit fendre la noix de Dick en deux. Tol, mdr mdr,
etc.

X

La dose se mit maintenant au galop,
et frappa de toutes leurs forces. Ils frappèrent le sol avec une telle force
qu'il fendit l'ancienne crèche en deux. Certains tombèrent sur la route,
courbés. double — Certains ont été brisés avec des briques — rendus bruns
— Ainsi les bourreaux ont épargné à « la Couronne » la peine d'envoyer des
anses pour l'abattre. Tol, mdr mdr, etc.

[1 : rien] [2 : joyeusement] [3 : marcher] [4 : gîte] [5 : chérie ; femme] [6 :
penny] [7 : habillé] [8 : Grisi ?] [9 : bière] [10 : ivre] [11 : maison]

"CHER BILL, CETTE CRUCHE EN PIERRE" [Notes] [1857]

[Tiré de *Punch* , 31 janvier, p. 49. Être une épître de Toby
Cracksman, à Newgate, à Bill Sykes].

je

Cher Bill, cette cruche de pierre contre laquelle les appartements osent se
moquer, [1]
(d'où je viens jusqu'aux prochaines séances centrales),
est toujours le même vieux trou confortable et libre,
où Macheath a rencontré ses souffleurs, et Wild a posé son bol [2] Dans

une salle avec ses copains, pas enfermé dans une cellule, [3] Pour un vieil homme comme moi, c'est un hôtel familial. [4]

II

Dans les salles de jour, les manchettes, nous les pédés à notre aise, [5] Et chez Darkmans, nous gérons la plate-forme comme bon nous semble, [6] Il y a votre bec et votre luxuriant, chaud et régulier chaque jour. [7]Tout de même si tu travailles, tout de même si tu jouesMais les alouettes quand elles sont parties avec nous, elles se ferment. [8]Comme cela ne dépend pas de nos cachettes, de nos crépitements éclairs et de notre cochonnerie ; [9]

III

Mais bientôt il ne restera plus rien de vert dans ses yeux,
Il sait à quelle heure il ressort. Et la prochaine fois qu'il sera si duveteux et douillet, [10] Il nous remerciera peut-être de l'avoir fait voler vers la cruche. [11] Mais voici un brassard qui coupe court à mon histoire, c'est une nouvelle règle qui crie à des copains hors de prison. [12]

[Le post-scriptum suivant semble avoir été
ajouté lors du décès du Gardien.]

IV

Pour ces criques de Guildhall, et pour ce bienheureux Lord Maire,
les Prigs sur leurs quatre os devraient hacher les pleurnichards, je le jure : [13] Que longtemps sur Newgit leurs cultes puissent régner, comme l'école modèle high-toby, mob, crack et screeve : [14] Car si le gouvernement était ici, et non le banc de l'échevin, Newgit serait bientôt mauvais comme « le Pent » ou « la Tanche ». [15]

[1 : prison] [2 : maîtresses] [3 : amis] [4 : Notes] [5 : gardiens, embrouilles] [6 : nuit] [7 : viande et boisson] [8 : corne blanche] [9 : astuces ; parler argot; obscénité] [10 : emprisonné] [11 : jusqu'aux voies de la prison] [12 : écrire] [13 : à genoux devrait prier] [14 : bandit de grand chemin ; des hommes de la mafia; cambrioleurs, faussaires] [15 : Notes]

L'HOMME DE LEARY [Notes] [1857]

[Extrait de *La Langue vulgaire* , par DUCANGE ANGLICUS].

je

Des hauts et des bas, j'ai ressenti les chocs
Depuis l'époque des chauves-souris et des volants, Et allcumpaine et Albert-rocks,
Quand le monde a commencé ;
Et pour ces jeux, je soupire souvent. Les marmoney et les mouches

espagnoles, ainsi que les cerfs-volants volants dans le ciel, pour lesquels j'ai
souvent couru.

II

Mais d'après ce que j'ai vu et où j'ai été,
j'ai toujours trouvé que si vous voulez apprendre à vivre, vous ne pouvez
pas trop savoir. Car vous devez maintenant être bien éveillé, si un vivant
vous ferait, donc je vais vous conseiller sur le cours à suivre pour être un
homme de Leary.

II

Allez d'abord à la costermongery,
à chaque contrefaçon, lancez-vous, [1] et ramassez toutes leurs injures, mais
que tel soit votre plan ; supportez pas de Kieboshery, [2] mais surveillez
bien la poshery, [3] et coupez teetotal sloshery, [4] Et saoulez-vous quand
vous le pouvez.

IV

Et quand vous allez faire la fête,
Que ce soit toujours votre fierté D'avoir une tuile blanche sur votre nob [5]
Et un bouledogue à vos côtés Votre brouillard, vous devez l'attacher de
façon éclatante [6] Chaque mot doit crépiter de façon éclatante, [7] Et
frapper Cove's Head to smashery, pour être un Leary Man.

V

À Covent Garden ou à Billingsgate,
vous ne devez pas être en retard, mais votre âne roule à un rythme effréné,
et soyez le premier si vous le pouvez. Du tuyau court, vous devez souffler
votre bacca et si votre âne ne veut pas partir,
pour le lécher, vous devez ne soyez pas lent
. Mais bon, sa peau doit bronzer.

VI

La contrefaçon réalisée en connaissant les tours
doit vous être bien connue, et si vous venez à la falsification, vous devez en
agresser un ou deux. Ensuite, allez à la colonie de St Giles, [8] et vivez dans
un coin étrange, sans utilité domestique. cuisine, être un homme de Leary.

VII

Ensuite, allez à la fanfare des pigeons
et connaissez chaque race par un quiz sur les yeux, les têtes chauves des
skin-'ems par leur mouche, vous ne pouvez jamais vous tromper. Toutes les

criques de combat aussi, vous devez savoir Ben Caunt ainsi que Bendigo, et
à chaque moulin être assurez-vous d'y aller, et soyez l'un des vans.

VIII

Les choses qui sont trouvées avant qu'elles ne soient perdues,
Soyez toujours le premier à trouver. Restaurez les chiens pour une livre ou
deux Vous ferez une chose qui est gentille, Et vous devez porter un billy
bleu, Ou une lingette jaune attachée lâchement [9] Ronde tu es un fou pour
voir [10] Que tu es un homme de Leary

IX

Aux renversements et aux clins d'œil,
Pour être pointu, vous ne devez pas rétrécir, Mais être une brique et arborer
votre fente. [11] Gagner doit être votre plan. Et les set-toos et les combats
de coqs sont des choses dont vous devez prendre plaisir. et essayez toujours
d'avoir raison lors de chaque scan d'enfant.

X

Et l'intimidation et les irritations aussi,
Vous devriez être bien connu, Votre nob soit habitué aux contusions, [12]
Et dur comme n'importe quelle pierre. Mettez le kiebosh sur le dibbery,
Connaissez un Joey d'un tibbery, Et de temps en temps ayez un noir œil,
être un homme de Leary.

XI

Vous devez aller aux foires et aux courses,
vous mettre en rangs et vous battre quelques-uns, et vous arrêter toute la
nuit, c'est vrai, cela doit souvent être votre plan. Et comme à travers le
monde vous bougez, soyez bien éveillé aux fudgers, et effacez chaque
rancune Et faites de votre mieux.

XII

Mais
vous devez garder à l'esprit les momies et les slummeries, car chaque jour,
faites attention à ce que je dis, vous trouverez de nouvelles contrefaçons.
Mais tenez-vous-en à cela pendant que vous pouvez ramper. Soyez bien
éveillé à tout, vous serez un homme de Leary.

[1 : esquiver ; apprendre] [2 : absurdité] [3 : argent] [4 : boisson] [5 : chapeau
; tête] [6 : cravate] [7 : parler argot] [8 : Notes] [9 : mouchoir] [10 : cou ;
hommes] [11 : bon gars ; argent] [12 : tête ; boxe]

"UNE CENTAINE D'ÉTIREMENT D'ICI" [Notes] [1859]

[Extrait de *The Vocabulum : or Rogues Lexicon* , par GW MATSELL, New York].

je

Oh! où seront les abattages du bing [1]
Dans une centaine de tronçons d'ici ? [2]Les bene morts qui chantent doucement, [3] Cent étendues d'ici ?
Les caqueteurs d'automne, les anses d'automne, [4]
La lame joyeuse qui erre sauvagement ; [5] Et où le tampon, le meurtrier, a explosé, [6] Et tous les flics, et les becs qui le savent, [7] À cent kilomètres d'ici ?

II

Et où le butin a-t-il si sombrement pincé [8]
Une centaine de tronçons d'ici ? Les dés à coudre, les argots et les pendentifs volés, [9] Une centaine de tronçons d'ici ? , et des lecteurs bien remplis ; [11] Et où est la clôture, et le ken somnolant, [12] Avec tous les prigs et les hommes luxurieux, [13] Cent étendues d'ici ?

III

Joués, ils gisaient, dira-t-on.
Cent tronçons d'ici; Avec des pelles, ils ont été mis au lit [14] Cent tronçons depuis! [16]J'ai planté le butin et je me suis perdu de vue, [17]Nous leur souhaiterons tous une bonne nuit, Dans une centaine de kilomètres d'ici.

[1 : publicains] [2 : années] [3 : jolies femmes] [4 : femmes et hommes mariés] [5 : compagnon de faveur] [6 : contrebandier ; pugiliste; putain] [7 : police ; magistrat] [8 : pillage savamment volé] [9 : montres ; Chaînes; scellés; volé] [10 : argent ; anneaux; cuillères] [11 : épingles à poitrine ; sacs à main; portefeuille] [12 : receleur de biens volés ; bordel] [13 : voleurs ; ivrognes] [14 : enterré] [15 : emmené en prison ; avait triché une peine d'emprisonnement à perpétuité] [16 : pendu ; s'est noyé] [17: s'est débarrassé du pillage]

L'ANSE CHICKALEARY [Notes] [*c* . 1864]

je

Je suis un « mec Chickaleary » avec mon un, deux, trois, [1]
Whitechapel était le village dans lequel je suis né, car pour me mettre sur le pouce, ou sur mon tibby drop, [2] Vous devez vous réveiller très tôt le matin. J'ai une fille rorty, aussi un copain connaisseur, [3] Et joyeusement ensemble nous courons,
je m'en fiche, tant que j'ai un tach, [4]
Un pannum pour mon poitrine et un ensemble. [5] Je suis un gars de Chickaleary avec mon un, deux, trois, Whitechapel était le village dans

lequel je suis né, Car pour me mettre en route, ou sur mon tibby drop,
Vous devez vous réveiller très tôt le matin.

II

Maintenant, kool mes kicksies duveteux - le style pour moi, [6]
Construit sur un plan très méchant, Le stock autour de mon serrer une
couleur guiver voir, [7] Et le vestat avec les bacs si rorty, [8] Mon tailleur
vous sert eh bien, d'un perger à une houle, [9] Chez Groves, vous êtes en
sécurité pour faire un pitch sûr, [10] Pour le yenom prêt, il n'y a pas de
magasin en ville, [11] Peut lécher Groves dans The Cut ainsi qu'à
Shoreditch. [12] Je suis un gars de Chickaleary, etc.

III

J'irai à Paris, montrer un truc ou deux
Aux mecs plongés ce qui traîne dans les cafés, [13] Comment faire un cross-
fam, pour un super, ou un argot, [14] Et les agiter grand 'armes je donnerais
le bureau:Maintenant mes copains je vais en pente, à bientôt, j'espère, Ma
jeune femme attend, alors fais vite;Maintenant rejoins une chyike, la joyeuse
que nous aimons tous, [15] Je pars avec une fête au Vic. Je suis un gars de
Chickaleary, etc.

[1 : houle de Whitechapel] [2 : a pris le dessus sur moi] [3 : habillé de
manière flashy ; intelligent] [4 : un demi-penny ; chapeau] [5 : aliments ;
manteau] [6 : regarde ; pantalon coupe flashy] [7 : col ; flash] [8 : gilet ;
poches] [9 : abstinent] [10 : place] [11 : argent] [12 : battre] [13 :
pickpockets] [14 : surveiller ; chaîne] [15 : salut ; crier]

ESTHÉTIQUE FLEURIE [1882]

[De *The Rag*, 30 septembre].

Il

je

Un jeune homme trafiquant de coke,
un jeune homme qui se tape des coups, un slosher de copains,
un cuillère avec des filles, [1]
un jeune homme qui devrait être époustouflé.

II

Un jeune homme qui raconte des histoires, [2]
un jeune homme qui s'en prend au cuivre, [3] un payeur sur le coup, [4] un
toujours in-quod, [5] un sûr -un jeune homme qui va être mutilé. [6]

III

Un jeune homme du dimanche, [7]
Un jeune homme à la poche de porcs, [8] Un rhinocéros qui sauve tout, [9]
Un grand brillant, oh, Will bientôt- prendre un pub, jeune homme

Elle

je

Une jeune fille qui fait de la poudre et de la peinture,
une jeune fille pas tout à fait sainte, une jeune toujours serrée, [10] une
jeune qui reste dehors toute la nuit, une jeune qui a un enfant à la fin fille.
[11]

II

Jeune fille qui fait un mec qui s'étrangle,
jeune fille qui aime le gin, [12] Sur le trottoir, viens-en-un-cropper, Run-in-
by-a-cuivre, [13] "Amende-quarante-bob" - jeune fille.

III

Une jeune fille hétéro au visage suif,
Une jeune fille jamais en retard, Une momie du salut, Sans fumée et
glummery, Une jeune fille enfant par un capitaine.

[1 : faire l'amour] [2 : mentir] [3 : agresser la police] [4 : prendre un crédit
illimité] [5 : en prison] [6 : pendu] [7 : vêtements] [8 : argent] [9 : argent]
[10 : ivre] [11 : enfant] [12 : ivresse] [13 : policier]

'ARRY À UN PIQUE-NIQUE POLITIQUE
[Par T Milliken dans *Punch* , 11 octobre]

CHER CHARLIE.

je

« Comment vas-tu, mon côte ? Cela semble délicieux d'écrire l'ancien nom.
Je vous ai complètement perdu de vue ces derniers temps. Bin, je joue à un
petit jeu sombre ? [1] Je garde le mien comme d'habitude, le premier au top
du plaisir, car partout où il y a des alouettes sur le tappy, il y a 'Arry aussi sûr
qu'un pistolet.

II

Les dernières nouvelles démonstrations laïques. Vous en avez entendu parler,
Charlie,   sans   aucun   doute,
car ils s'en prennent à eux partout dans le magasin. J'ai eu une agitation rare.
Tous mes arfs du samedi sont consacrés à la politique. Fantaisie, vieux con,
je fais le reglar de sciure de bois, et je fous les gonflements sur la souche ! [2]

III

Mais, bénis-toi, mon ballon, ce n'est pas que de la musique de menton, des
votes   et   des   «   oreilles   !   'oreille!'   [3]
Ou ils ne m'attraperaient pas tout de suite, ou ne me cloueraient pas pour
neuf pence. Ne craignez rien ! Les percessions dont j'en ai un peu marre, le
rembourrage des sabots et la pourriture sèche du grattage, [4] Mais les pique-
niques politiques signifient pour eux du sucre comme de la mouche pour
wot's wot.

IV

Je suis allé en voir un hier, Charlie ; une vieille alouette régulière de haut en
bas.
Le Pallis gratuit, mélangé à une vieille foire de campagne dans un parc, et les
jardins de Rosherville, avec un soupçon de Bean Feast feront l'affaire, pour
vous donner une petite idée de notre journée avec Sir Jinks Bottleblue.

V

Tu fais beaucoup de nous, Charlie ? Que vous soyez bénis, nous pourrions
avoir   des   Chinois   en   fleurs
qui font le tour des Ealthries. C'était régulier, à votre guise. Tennis sur gazon,
palet, cricket et danse pour eux comme il faut le faire à l'heure actuelle,

Mais je préférais picorer et rôder, et repérer les tasses en train de faire l'amour.

VI

Ne m'oblige pas à faire bouger mes jambes pour lancer une bête de balle
À environ quatre-vingt-dix degrés à l'ombre, Charlie, mon vieux, pas du tout.

L'athlétisme n'est pas vraiment ma forme, et un manteau coupé et des sacs serrés le sont. les espèces de togs pour le vôtre, et léchez vos « flanelles » lâches jusqu'à ce qu'elles soient en lambeaux.

VII

Alors je les ai laissés faire une étouffement à volonté ; J'ai fait le tri sur le cliché.
Cette partie de rhum, la politique, Charlie, semble être un talkee-talkee et un piège.
J'imagine que le vieux Bluebottle laisse le pique-nique et l'alouette « multi-usages   »,
Et fait de Battersea Park son terrain de plaisir, Bathelmy Fair de son parc !

VIII

« Pour montrer son véritable amour pour le peuple ! » dit un vote de remerciement,   un   grand   parleur,
et n'est-ce pas impoli de la part d'un type qui grignote un chignon de crier "Walker!" Je suis conservateur jusqu'à mes bottes, à un prix, et j'ai hurlé "' Oreille, oreille ! Mais ils ne s'attaquent plus à votre serviteur avec de la paille, mon cher Charlie, ne craignez rien !

IX

Le vieux Bottleblue m'a tendu sa nageoire et m'a dit que je m'étais "rafraîchi", et   tout   ça.   [10]
« Pourquoi plutôt, dis-je, qu'en pensez-vous ? à quoi il regarda fixement son 'at, et devint un peu rouge dans les branchies. J'ai dû me prendre pour un agresseur, vieil homme, pour poser une telle question à "Arry" - comme si son plan était de prendre court.

X

J'ai fait le tour proprement dit, je vous le dis ; c'était comme le libre cours d'un   bar,
et la politique veut beaucoup de mouillage. Ne me perchez plus sur une voiture, ni sur un mât de drapeau. Non, pardon, mon cher garçon, ce n'est pas ma mode, mais les pique-niques politiques avec des feux d'artifice et beaucoup de swiz ne sont pas si mauvais.

XI

La palabre était de la sciure de bois et de la mélasse. Le vieux Bottleblue a bourdonné   pendant   un   moment,
et un jeune Wiscount reniflant dans des balanes a atterri, ce qu'il pensait; il a dit que le vieux Gladstone ressemblait à l'arme de Simpson, un peu

compliqué et tout, quand un jeune Rad bruyant dans un état d'éveil voulait
donne-lui pourquoi ! [12]

XII

Ouais ! huer! Tournez-moi, je suis dehors ! chante le vôtre en pensant que
c'était   le   plaisir   et,
Mais, soyez bénis ! ce n'était qu'un crachat. Je ne peux pas dire que la réunion
avait l'air grandiose. Ils nous ont estimés à cinq mille, Charlie, mais si c'est le
cas, je suppose que les trois étranges étaient en train de manger une cuillère
dans les couloirs, ou de laper des petits pains et de la Bohéa.

XIII

Le groupe et les 'oppings étaient au premier plan cependant, et 'Arry bien sûr
était   tous   là.
J'ai eu plusieurs tours avec une jeune fête vive avec un air coloré. Son nom,
elle m'a dit que c'était Polly, et quand dans mon style le plus appétissant, je
dis, "Polly est plus gentille que la politique!" n'a-t-elle pas colorié et souri ?

XIV

Nous sommes rentrés à temps pour les feux d'artifice, une véritable flambée
de   flammes,   et   pas   d'enfant,
ce qui a terminé la démonstration de ce jour-là, et a dû coûter beaucoup
d'argent. Quels feux d'artifice et les alimentations du parc font une
démonstration, Charlie, je suis béni si je vois, et je suis soufflé si je me soucie
d'un bouton en laiton, tant que j'ai une virée bon marché.

XV

Le message est tout à fait bow-wow, bien sûr, mais cela va avec les petits
pains   et   la   bière.
Si ça plaît aux grosses perruques de jaillir, pourquoi ça ne coûte rien, pensez
à applaudir. Même s'ils n'ont pas compris, Charlie, les toffs ne le sont pas...
pas d'y aller et pas d'épice ! Je soutiendrais Barney Crump à notre Singsong
pour les lécher deux fois sur deux !

XVI

Mais je suis tout à fait pour les Lords et leur sort, Charlie. Les Rads sont mon
erreur,   tu   sais.
Changez R en C et vous les avez, et "Arry" mange quelque chose de bas.
Donc, si les démonstrations signifient des alouettes et de la lotion autant que
vous en porterez, ces "bustes d'opinion spontanée" peuvent compter sur
"Arry". .

[1 : vue] [2 : absurdité] [3 : parler] [4 : marcher] [5 : manger ; imbéciles] [6 : pantalon] [7 : rôder] [8 : Notes] [9 : attraper] [10 : serrer la main] [11 : visage ; imbécile] [12 : quelque chose à dire]

« DES CRIQUES À RHUM QUI NOUS SOULAGENT » [1887]

[Par HEINRICH BAUMANN dans *Londonismen*].

je

Des criques de rhum qui nous soulagent [1]
des débris et des morceaux, [2] sont généralement à la traîne, [3] ou la chance se perd. [4]

II

Les fracas et les plongeurs [5]
et les nobles créateurs ne sont-ils pas vendus aux becs [6] par les flics et les furtifs ? [7]

III

Pourtant, les arnaqueurs moochins, [8]
Concoctin' les trompeurs,
Les types récoltent comme les leurs
Ce qui a été semé par les autres ;

IV

Faux pirates [9]
De bosh par acres,Ces vers de boue de trashCut, oh, un grand tiret.

V

Mais là, peu importe
puisque, pour le rendre plus gros encore, par escrocs et par escrocs, nous avons monté ce livre.

VI

Je vous le dis, comment ? Vy in rum kens, [10]
Dans les crèches flash et les taudis, [11] I' les ruelles et les cours,' Parmi les sortes les plus doocedest ;

VII

Quand je jouais avec Jillie
Or Mag et 'er Billie, nous avons poussé en noir leur clac illigant. [12]

VIII

Ainsi, de la part de jeunes escrocs courageux,
De vieux codgers vaxy, [13]Des Blowens que nous avons [14]Bientôt savoir
que vote est vote.

IX

Maintenant, il y a votre somptueux
Tuck-in des plus délicieux, et des tartes délicates ! [15]Voulez-vous venir
essayer ?

[1 : voleurs] [2 : argent] [3 : emprisonné] [4 : pendu] [5 : contrefacteurs ;
pickpockets] [6 : magistrats] [7 : police ; informateurs] [8 : rôder ; auteurs de
lettres de mendicité] [9 : auteurs de « sang et tonnerre »] [10 : lieux queer] [11
: centres de villégiature pour voleurs] [12 : discussions] [13 : hommes] [14 :
prostituées] [15 : discours]

LA BONNE NUIT DE VILLON [1887]

[Par WILLIAM ERNEST HENLEY].

je

Vous, les pointus de la Bible qui cognent sur les baignoires, [1]
Vous qui rôdez sur l'Abram-sham, [2] Vous, les éponges qui font du micro
dans les pubs, [3] Vous faites voler mes gloussements friands de flam, [4]
Vous les judes qui tapez pour le stramm , [5]Vous êtes doué pour parler
haut, avec des fawneys sur votre famm dexter— [6]Une bonne nuit à tous
et à tous ! [7]

II

De même, vous les molls qui font briller vos bulles [8]
Pour que les houles vous repèrent et vous tiennent debout, Sam, [9] Vous
saignez les bonnets, les carlins et les sous-marins, vous les swatchel-anses
qui tanguent et claquent. [10] Vous, magsmen audacieux qui travaillez
comme des crams, [11] Vous, flats et joskins, grands et petits, Gay grass-
vedows et lawful-jam — [12] Bonne nuit à tous et à tous !

III

Pour vous, vous, les flics, les narks et les dubs, [13]
qui m'avez pincé quand j'étais au snam, [14] et qui m'avez donné les
oreillons et les mulligrubs [15] avec des habiletés et des eaux grasses qui
m'ont fait palourder, [16] contre vous, je me suis contenté de lève mon jeu...
[17]Je bois ta santé contre le mur ! [18] Voilà le genre d'homme que je suis.
Bonsoir à tous !

L'adieu .

Collez-les, et étalez-les, et lamm !
Donnez Kennedy et faites-les ramper ! [19] Je m'en fiche, bon sang, bonne nuit à tous.

[1 : faux clercs] [2 : mendiant feignant la maladie] [3 : bourreaux ; flâner] [4 : filles impertinentes ; non-sens] [5 : les femmes s'habillent ; jeu] [6 : anneaux ; main droite] [7 : prostituée] [8 : prostituées ; exposer les pap] [9 : voir ; payer pour] [10 : Punch-and-judy-man] [11 : commerçant qui crépite] [12 : épouse] [13 : police ; informateurs; gardiens] [14 : arrêtés ; voler] [15 : "le blues"] [16 : refuser la nourriture] [17 : jambe] [18 : uriner] [19 : les battre et les faire remuer]

POINTE DROITE DE VILLON À TOUTES LES ANSES CROISÉES [Notes] [1887]

[Par WILLIAM ERNEST HENLEY].

'Tout aux tavernes et aux filles'

je

Supposons que vous ayez un crève-cœur ou que vous deveniez bon marché ? [1]
Ou simuler les grosses ? ou une figue un bourrin ? Ou un dé à coudre ? ou knap un yack ? Ou lancer un sarcastique ? ou casser un chiffon ? Et si tu étais nul ? ou nez et décalage ? Ou prendre la quinte et décrocher votre pot ? Comment faire fondre le butin multiple ? L'alcool et les Blowens flics tout le monde.

II

Violon, ou clôture, ou masse, ou mack ;
Ou moskeneer, ou flashez le drag ; Dead-rôdez un berceau, ou faites une fissure ; Remplissez avec un argot, ou jetez un pédé ; Bonnet, ou rabatteur, ou oreillon et bâillon ; secouez les tatouages, ou marquez l'endroit. Vous ne pouvez pas mettre en banque un seul cerf : l'alcool et les Blowens flic le lot.

III

Supposons que vous essayiez une approche différente,
et que sur la place vous brandissiez votre drapeau ? À Penny-a-lining, vous faites votre coup, ou avec la tasse et le gag des mummers ? Pour rien, pour rien, les dibbs que vous emballez à n'importe quelle greffe, quoi qu'il arrive ! Vos joyeux gobelins bientôt stravag : Booze et les Blowens flic le Lor.

Le moral.

C'est du haut du bec et Charley-Wag
avec des lingettes, des tickers et tout le reste ! Jusqu'à ce que le presse-
agrumes mordille votre scrag, Booze et les Blowens flinguent le lot.

[1 : Voir les notes pour la traduction]

LA CULTURE DANS LES BIDONDONS [1887]

[Par WILLIAM ERNEST HENLEY : « Inscrit à un poète intense »].

I. *Rondeau.*

je

"Ô crikey, Bill!" elle me parle, elle me parle.
"Regarde bien," ses-t-elle, "avec eux il y a des sossiges. Ouais ! bien avec
eux là des sacs de mystère ! [1]Pour voilà !" elle dit, "pour voilà, vieux
copain", dit-elle, [2]"J'ai un petit creux, ni plus ni moins." [3]

II

N'était-ce pas prime ? Je vous laisse tous deviner.
Quelle prime ! avoir un jude en détresse amoureuse [4]Viens en cuillère et
murmurant balmilee, [5] "O crikey, Bill!"

III

Car d'une telle manière, l'Amour exprime [6]
ses vues épanouies, et demande votre adresse, et rend les choses correctes,
et fait le gay et libre. Je l'ai embrassée, je l'ai fait ! Et elle et moi étions amis.
Et si ce n'est pas une bonne affaire. Ô crikey, Bill!

II. *Villanelle* .

je

Ne le sont-ils pas tout à fait aussi, aussi ? [7]
(Elle ses, ma Missus mienne, ses elle), Ils volent mes petits morceaux de
bleu. [8]

II

Joe, tu les aimes – gentils et biaisés. [9]
Sur notre vieux meogginee, maintenant, ne sont-ils pas complètement trop-
trop ?

III

Ils valent mieux qu'un pot et une vis,
Ils sont égaux à une virée du dimanche, Ils volent sur mes petits morceaux
de bleu !

IV

Supposons que je les mets dans le conduit de cheminée, [10]
Et que je boive les bénéfices, Joe ? Pas moi. [11]Maintenant, ne sont-ils pas
complètement trop-trop ?

V

Je fais le faux 'Igh Art, je le fais.
Joe, je suis consommé ; et je les *vois*
voler mes petits morceaux de bleu.

VI

C'est pourquoi, Joe, c'est pour ça que je t'adresse —
Esthétique, mou et libre — Maintenant, ne sont-ils pas tout à fait trop-trop,
Ils volent sur mes petits morceaux de Bleu ?

III. *Ballade* .

je

Je lis souvent tranquillement
la poésie de At Booty Shelley ; [12] Je pense que Swinburne à une chape est
vraiment presque trop-trop volant; À l'harmonie de Signor Vagna [13]
J'aime un joyeux petit flottement; J'ai eu à Pater beaucoup de timides; En
fait, ma forme est le Bloomin' Utter .

II

Ma marque est un petit fil bien rangé,
Et la galerie d'Enery Irving, Pour voir le vieux Amlick saigner, Et Ellen
Terry sur le dé, Ou les fantômes de Franky au salut-espion, Et les fêtes se
déroulent sur un volet [14] Ces vulgaires Coupeaus sont mon œil ! En fait,
ma forme est le Bloomin' Utter.

III

Les noix du Grosvenor, c'est vrai !
Je choisis 'Olman' Unt like pie.C'est égal à une avance amicale [15]Voir les
judes de B. Jones passer.
Stanhope, il me rend capable de pleurer,
Whistler, il me fait fondre comme du beurre, Strudwick, il me fait montrer
mon cly… [16] En fait, ma forme est le Bloomin' Utter.

Envoyé .

Je suis partant pour tout art qui est « Igh !
Je parle aussi doucement que je peux bafouiller ; je garde un Dado en
cachette ; en fait, ma forme est le Blooming Utter !

[1 : saucisses] [2 : ami] [3 : très faim] [4 : fille] [5 : caresses ; doucement] [6 : donc expressivement] [7 : gentil] [8 : *c'est à dire* porcelaine] [9 : regarder] [10 : pion] [11 : boire] [12 : Botticelli(?)] [13 : Wagner(?)] [14 : Les Frères Corses (?)] [15 : Notes] [16 : dépenser de l'argent]

"TOTTIE" [1887]

[Par "DAGONET" (GR SIMS) dans *Arbitre* , 7 nov.].

je

Tandis qu'elle marchait dans la rue
Avec ses petites « assiettes de viande », [1] Et que le soleil d'été tombait Sur sa « Barnet Fair » dorée, [2] Brillantes comme les anges du ciel Étaient ses « tartes au mouton » bleu foncé. [3] Dans mon "Est et Ouest", Dan Cupidon [4] A tiré sur un puits et l'a laissé là.

II

Elle avait une grecque « je suppose », [5]
Et de « Hampstead Heath » deux rangées, [6] Dans son « Sud ensoleillé » qui brillait [7] Comme deux jolis colliers de perles ; Sur mon « pain et fromage » ' [8]Est-ce que j'ai laissé tomber et murmuré : « S'il vous plaît, soyez ma « tempête et mon conflit », chère Tottie, [9]O, vous la plus chérie des filles !'

III

Puis un bow-wow à ses côtés, [10]
Qui jusque-là s'était levé et avait essayé de bannir une « Jenny Lee », [11] qui était sur sa « baleine de Jonas », [12]
a aboyé un hydrophobe,
(elle a pleuré, 'Quelle arche de Noé !') [13]Et jusqu'à mon « rang et mes richesses » [14]Mes « piquets de cribbage » ont-ils assailli. [15]

IV

Avant que je puisse arrêter son bouledogue
, elle avait appelé une « pop au gingembre » [16] Qui a dit : « Qu'est-ce que « Henry Meville » [17] Pensez-vous que vous faites là ? » Et j'ai entendu dire que je me suis faufilé. 'Eh bien, la "malle de Jumbo !" [18]Et le « Walter Joyce » était celui de Tottie. [19]Avec la « Barnet Fair » dorée. [20]

[1 : pieds] [2 : cheveux] [3 : yeux] [4 : poitrine] [5 : nez] [6 : dents] [7 : bouche] [8 : genoux] [9 : femme] [10 : chien] [11 : fuite] [12 : queue] [13 : alouette] [14 : culotte] [15 : jambes] [16 : slop = policier] [17 : diable] [18 : ivre] [19 : voix] [20 : cheveux]

UNE BALLADE DE LIT DE PLANCHES [1888]

[Par "DAGONET" (GR SIMS) dans *Arbitre* , 12 fév.].

je

Comprenez, s'il vous plaît, que je suis un voleur ambulant,
Les gonophes m'appellent tous le gitan ; [1] Je monte près du hochet quand
j'ai pris mon brief, [2] Et je porte sur mon dos un vieux kipsey. [3]

II

Si je discute bien, eh bien, je touche pour le coin, [4]
Mais je ne suis pas un voleur "particulier", je me contente de toute neige
que je vois sur la haie, [5] Et je ne suis pas au-dessus des marguerites et
tabasser. [6]

III

Un jour, je faisais une virée avec deux entreprises dans ma voiture, [7]
et un jouet et un matériel, tous deux rouges ; [8]Et une étincelle, un copain
(un bon vissier) et moi. [9]Nous avions touché en travaillant deux morts.

IV

Je prenais un ducat pour rentrer en ville [10]
(j'étais venu en hochet à Douvres),
Quand j'ai vu qu'un reeler me faisait rôtir brun, [11]
Et il a frappé : « Je vais juste te livrer. " [12]

V

J'ai gars, mais le bobineur m'a donné du boeuf chaud, [13]
Et une éraflure s'est produite autour de moi et a crié; J'ai sorti une
ciboulette, mais j'ai vite eu du chagrin, [14] Et avec des vis et un James, j'ai
été collier. [15]

VI

J'étais rassasié, puis j'ai eu trois heures pour le travail, [16]
Et mon voyage - putain le jour où je l'ai vue - [17] Elle a vendu ma maison à
des amis de sa bande, [18] Pour quelques jours. foont et dix deener. [19]

VII

Oh, Donnys et Omees, ce qui me donne l'aiguillon, [20]
C'est, c'est ce que me dit un mug (il raconte des gros mensonges), [21] Que
j'aurais dû graisser pour rester à l'écart [22] Les ducs des narks et des
cuivres. [23]

[1 : garçons] [2 : rails ; billet] [3 : panier] [4 : voir ; cheval; allez-y; plaque
d'argent] [5 : voler ; linge] [6 : bottes ; vêtements] [7 : billets de 5 £ ; poche]
[8 : montre ; chaîne; or] [9 : épingle en diamant] [10 : ticket] [11 : détective ;

me scrutant de près] [12 : dit ; vous chercher] [13 : couru ; thé; m'a pourchassé] [14 : couteau] [15 : outils de cambrioleurs ; attrapé] [16 : placé en détention provisoire ; ans] [17 : maîtresse] [18 : amis ; ensemble] [19 : billets de 5 £ ; shillings] [20 : fille ; camarades] [21 : homme] [22 : soudoyé] [23 : mains ; détectives; police]

LE RONDEAU DU COUP [1890]

[Par "DAGONET" (GR SIMS) dans *Arbitre* , 20 Ap. p. 7].

je

Il a reçu le coup ! Fini l'air enjoué [1]
Il aura la "poussée" qui a fait regarder le parieur ; Il n'y a plus de singes maintenant, il y a de fortes chances qu'il ponde [2] Et rende gay le joueur défensif toujours grogneur. Un plongeur de plus a eu sa petite poussée [3] Et puis est arrivé lundi quand il ne pouvait pas "carrer" ; [4] Dépouillé de ses plunees un pauvre J dénudé [5] Il a reçu le coup ! Où est-il maintenant ? Ah ! echo répond "où" ? Sur le gazon il a eu son petit jour Et quand, pierre cassée, il ne pouvait plus payer [6]
Quittant l'anneau pour grincer des dents et jurer
Il a pris le coup !

[1 : cédé] [2 : 500 £] [3 : opportunité] [4 : payer] [5 : camarade] [6 : ruiné]

LA RIME DU RUSHER [1892]

[Par DOSS CHIDERDOSS dans *Sporting Times* , 29 octobre *dans un langage rimé approprié*].

je

J'étais dehors une nuit avec un tee-shirt strict, [1]
Parce que je ne pouvais pas me permettre un drain ; je portais un imperméable, je suis à flot, [2] Et ça a commencé en France et en Espagne. [3]Mais un toff était mélangé dans un taureau et une vache, [4] Et je l'ai aidé à faire une couchette ; [5] Il avait été sur le robinet I'm so, et maintenant [6] Il était légèrement en trompe d'éléphant. [7]

II

Il m'a proposé de me payer un verre, alors je [8]
l'ai emmené à la "Retraite de Mug" ; et j'ai fait le tour des maisons que j'ai essayé de sécher [9] Par la chaleur d'Anna Maria. [10]Il s'est tenu au Je suis pour noyer ses soucis, Tandis que j'allais vers le loin et le proche, [11]Jusqu'à l'horloge sur les pommes et les poires [12] Nous a donné le bureau à vider. [13]

III

Puis, au club, nous avons eu un autre combat,
Et je l'ai réparé pendant la sieste jusqu'à ce que j'aie retourné ses fusées, [14]
Et j'ai réussi à remplir les miennes, Bien sûr, j'avais opté pour le truc d'une
demi-once, [15] Et nous nous sommes disputés et en sommes venus aux
mains ; mais je l'ai renvoyé du Roiy rapidement, et il est tombé sur le sien, je
suppose. [16]

IV

Et il resta là, pesant des prières pour moi,
Sans entendre les assiettes de viande [17] D'un slop, qui le pinçait pour "d.
et d". [18] Et dérangeant un battement paisible,
Et je souriais en fermant mes deux petits pâtés [19]
Dans ma promenade d'insectes; Car de ses plumes j'avais pris une élévation,
[20] Et son séjour sur place était interdit.

V

Le lendemain matin, j'ai brossé mon Barnet Fair, [21]
et je me suis levé assez intelligemment; puis je suis parti avec un air
insouciant, et une tarte aux framboises satisfaite. [22]Au premier grand pub,
j'ai décidé, si pos., [23] Que je goûterais à ma bonne étoile; J'ai donc
transmis un fragile au patron [24] Qui servait des boissons au voilà. [25]

VI

Il regarda la note, et l'air commença
Avec sa langue à la plume et à l'encre ; [26]Car le mug que j'avais volé avait
été son chef, [27] Et l'avais fait pour beaucoup de chink. [28] Je suis
heureux si ma chance ne bourdonne pas et ha, Car j'ai argumenté ce point
avec habileté; Mais une fois par semaine m'a fait aller ta-ta. [29] Pendant un
mois, je ne peux pas rester en place. [30]

[1 : sans boisson] [2 : manteau] [3 : pluie] [4 : houle ; rangée] [5 : s'enfuir] [6 :
rap] [7 : ivre] [8 : boisson] [9 : pantalon] [10 : feu] [11 : bière] [12 : escaliers]
[13 : avertissement] [14 : poches] [15 : rebond] [16 : nez] [17 : pieds] [18 :
policier ; arrêté; ivre et désordonné] [19 : yeux] [20 : lui ; avantage] [21 :
cheveux] [22 : cœur] [23 : possible] [24 : billet de banque] [25 : bar] [26 :
puant] [27 : camarade ; trompé] [28 : volé ; argent] [29 : bec] [30 : roue
éternelle=moulin]

WOT CHER! [Notes] *ou, Je les ai frappés dans Old Kent Rd.* [1892]

[Par ALBERT CHEVALIER].

je

La semaine dernière, dans notre allée, un gentilhomme est venu, [1]
Un gentil vieux bonhomme avec une vilaine toux, [2] Il voit ma Missus,

enlève son topper [3] D'une manière très gentleman ! » Madame », dit-il,
"J'ai des nouvelles à vous annoncer, Votre riche oncle Tom de Camberwell,
Débarqué récemment, ce qui n'est pas une vente, [4] Vous quitte lui le petit
Donkey Shay."
« Quoi, cher ! » tous les voisins criaient :
« Qui vas-tu rencontrer, Bill ? As-tu acheté la rue, Bill ? Rire! Je pensais que
j'aurais dû mourir, je les ai frappés sur Old Kent Road ! [5]

II

Certains disent des choses désagréables à propos du moke, [6]
Une crique pense que « sa jambe est vraiment cassée », [7] C'est « c'est de
l'envie, parce que nous sommes des gens de calèche, Comme les toffs qui
font des manèges dans Rotten Row ! Tout droit ! ça a un peu réveillé la
ruelle, [8] Je pensais que notre locataire aurait eu une crise, Quand ma
femme, qui est vraiment pleine d'esprit, Dit: "J'ai mangé un bus, parce qu'il
est bas!" « Quoi, cher ! » etc.

III

Quand nous commençons, l'âne béni s'arrête,
il ne bouge pas, alors je sors rapidement, les copains commencent à le
frapper, quand il tombe, quelqu'un dit qu'il n'était pas fait pour y aller. -in-
'et,My Old Dutch sait comment faire le grand, [9]D'abord elle s'incline, puis
elle fait signe 'euh' et, En criant, nous allons frapper ! « Quoi, cher ! » etc.

IV

Chaque soir, à cinq heures pile,
Madame et moi faisons un petit tour en voiture, vous diriez : " Merveilleux
qu'ils soient encore en vie ", si vous voyiez ce petit âne partir. Je lui ai vite
montré qu'il je dois faire,Tout ce qu'il voulait,Mais je n'oublierai pas cet
équipage tapageur, 'Ollerin' "Woa ! stable ! Neddy Woa ! "Wot cher !" &c.

[1 : homme bien habillé] [2 : homme] [3 : chapeau] [4 : mort ; erreur] [5 : les
a fait regarder] [6 : âne] [7 : camarade] [8 : pas d'erreur] [9 : femme ; faire un
spectacle]

NOTRE PETITE PINCE [Notes] [1893]

[Par ALBERT CHEVALIER].

je

Je suis à peu près l'homme le plus fier qui marche,
j'ai une petite pince, quand il parle [1] Je te donnerai quarante ménés pour
une livre [2] Tu le prendras pour le père, moi l'enfant.Maintenant, comme je
n'ai jamais encore eu la chance d'avoir de la richesse, j'ai dû élever ce jeune
moi-même, et même si l'éducation a été gratuite, il s'agit du meilleur de mes

conseils. [3] Et c'est un petit champion, Rends-moi bien fier, c'est un KO, [4] Il tient de moi et n'est pas un peu trop grand. Il appelle sa mère « Sally », et son père « bon vieux copain », et il ne se tient que si haut, c'est tout !

II

"Ça me donne du fil à retordre aux quilles et aux coups de chance, [5] Et quand je veux, je peux utiliser "c'est" dooks ", [6] Tu vois, je les ai mis en place, eh bien là, c'est génial, " E prend un peu de léchage à cause de son poids ; ,Une promenade dans notre allée sur la purée. [7] Là, c'est un petit champion, rends-moi bien fier, c'est un KO, je savais que je prenais une fille de six pieds de haut ; 'Il va se mettre en place, [8] Dis que je sors avec Flossie, et 'il ne reste que si haut, c'est tout.

III

J'avais l'habitude de faire une tournée des gins tous les soirs, [9] Et très, très souvent, je viens serré, [10] Mais maintenant, de toutes ces habitudes dont je me suis débarrassé, je veux tous me démerder. Je viens à l'enfant. En enseignant, je suis très fier, pas de livres, bien sûr, pour eux, je ne peux pas les supporter, mais de petites manières astucieuses, [11] qui font que les gens s'assoient là où nous restons . [12]

(*Parlé*)—Seulement dimanche dernier, ma femme et moi l'avons emmené faire une promenade—je devrais dire qu'il nous a emmenés sortir. Alors que nous arrivions, j'ai dit à la vieille fille "Allons dans les bras du courtier et buvons une goutte de bière ?" Elle n'a soulevé aucune objection, alors nous y allons, suivi de "c'est des plumes" - je l'avais complètement oublié - je vais au bar et demande deux pots de quatre "alf" ; Soudain, je sens que je tire sur mon manteau, "Wot's up ?" dis-je; "Pourquoi avez-vous appelé ?" dites-le; "Deux pots de quatre 'alf", dis-je; "Oh," dit-il, "est-ce que maman ne va pas en avoir?"

Eh bien, c'est un petit champion,
rends-moi fier, c'est un KO, "Bois", dit-il, "Trois pots, mademoiselle, c'est mon choix." Je dis "Maintenant Jacky, Jacky;"'E dit , "Et une vis de baccy," Et il ne se tient que si haut, c'est tout.

[1 : enfant] [2 : shillings ; livre] [3 : information] [4 : Notes] [5 : Notes] [6 : mains] [7 : faire la cour] [8 : habillé] [9 : tournée des ginshops] [10 : ivre] [11 : drôle] [12 : regarder]

LA SÉRÉNADE DE COSTER [1894]

[Par ALBERT CHEVALIER].

je

Tu n'es pas encore oublié cette nuit de mai,
au Welsh 'Arp, qui est à la manière d'Endon, tu avais envie de bigorneaux et
d'une tasse de thé, "Four 'alf", murmurai-je, "assez bien pour moi."
"Donnez-moi un mot de "ope que je puisse gagner" - Vous me poussez
doucement avec l'épingle bigorneau - Nous étions aussi heureux que
possible ce jour-là au Welsh 'Arp, qui est 'Endon way.

Oh, 'Arriet, je t'attends, je t'attends ma chère,
Oh, 'Arriet, j'attends, j'attends seul ici ; Quand cette lune cessera de briller,
mon cœur sera faux, je suis obligé de continuer à t'aimer, ma chère ; n'est-ce
pas ?

II

Vous n'avez pas oublié comment nous sommes allés ce jour
-là au Gallois 'Arp, dans mon shay à âne ; les gens avec un "chy-ike" ont
crié : "Ne sont-ils pas intelligents ?" [1]Tu avais l'air d'une reine, moi un
Bart en tout point. Il semblait que le moke disait "Rends-moi fier" ;
Le mien est le participant le plus noble de la foule ; [2]
Moi, dans mes "perles", j'ai ressenti un toff ce jour-là, [3] Au Welsh 'Arp,
qui est la voie d'Endon. Oh, 'Arriet, etc.

III

Il y a huit mois et les choses sont toujours les mêmes,
tu es connue ici sous ton nom de jeune fille, je me fais chier par mes
copains, parce que pourquoi ? [4] Tous les soirs, je gazouille avant votre
réponse. L'été est parti, et il fait un froid glacial maintenant, L'amour brûle
toujours dans mon cœur, je le jure; 'Arp, qui est la voie d'Endon. Oh,
'Arriet, etc.

[1 : crier] [2 : le plus beau ; piège] [3 : gonflement] [4 : irrité]

REMARQUES

Comptines de l'équipage Canting. [Note de bas de page : Tout au long de ces notes, un usage gratuit a été fait du *Dictionnaire national de biographie* ; un ouvrage qui, sans aucun doute, contient l'éventail d'informations biographiques les plus récentes et les plus précises, dont une grande partie ne pourrait être obtenue à partir d'aucune autre source.]

Ces lignes ont peu d'intérêt si ce n'est qu'elles constituent le premier exemple connu du discours Canting ou du français de Pedlar dans la littérature anglaise. Désolé en termes de point ou de sens, ils sont encore plus désolés en vers. Pourtant, antérieurs d'un demi-siècle ou plus aux exemples cités par Awdeley et Harman, ils possèdent une certaine valeur : ils nous ramènent presque aux débuts de Cant, en tout cas à l'époque où le langage secret des fripons et des vagabonds commença a commencé à prendre une forme concrète.

Habituellement attribué à Thomas Dekker (qui les "transmit" physiquement et avec des erreurs à *Lanthorne et Candlelight* , publiés en 1609), ce jingle de phrases populaires de Canting, enchaînées presque au hasard, est la production de Robert Copland (1508-1547). , l'auteur de *The Hye Way to the Spyttel House* , un pamphlet imprimé après 1535, et dont seuls deux ou trois exemplaires sont aujourd'hui connus. Copland était un imprimeur-auteur ; dans l'ancien rôle, élève de Caxton dans le bureau de Wynkyn de Worde.

Le plan de *The Hye Way* est la simplicité même. Copland, réfugié près de l'hôpital Saint-Barthélemy lors d'une averse passagère, engage le portier dans une conversation concernant les « perdants, puissants mendiants et vagabonds, les michers, grimpants, fylloks et luskes » qui « demandent un logement pour l'amour de Notre Seigneur ». On dresse alors un tableau vivant et vigoureux du côté sordide de la vie sociale de l'époque. Tous les grades d'« hommes vagroms », avec leurs fraudes et leurs détours, sont passés en revue, et lorsque Copland l'interroge sur leur discours « bousy », le portier le divertit avec ces lignes.

Lignes 2 et 4. *Bousy* = ivre, déprimé, dissipé. Ainsi Skelton dans *Elynoor Rommin* (Harl. MSS. ed. Park, I. 416), « Son visage est tout *bowsie* ». *Booze* = boire beaucoup, c'est encore familier ; et, = boire, était utilisé dès 1300 après JC. Ligne 4. *Cove* (ou *Cofe*) = un homme, un individu. *Nace mutilée* (*nase* ou *nazy*) = ivre, impuissant ; Lat. *nausée* = maladie ; *cf.* ligne 9, « *nace gere* ». Ligne 5. *Teare* (*toure* ou *towre*) = regarder, voir. *Patrying Cove* (*patrico, patricove* ou *pattercove*) = un prêtre ambulant ; *cf.* Awdeley, *Frat. des Vacabondes* (1560), p. 6. : "Une Patriarke Co. fait des mariages, et cela jusqu'à ce que la mort quitte les gens mariés, ce qui est de ce genre : quand ils arrivent devant un cheval mort ou un chat mort, alors ils se serrent la main et partent ainsi, chaque fois.

l'un d'eux dans plusieurs directions. La forme *patrying cove* semble suggérer une dérivation de « crépitement » ou « marmonnement » : le Paternoster, jusqu'à l'époque de la Réforme, était récité par le prêtre à voix basse dans la mesure où « et ne nous induis pas en tentation ». " quand la chorale s'est jointe à nous. *Darkman*

cace (ou *cas*) = un appartement ou un lieu de couchage — salle, grange ou auberge : *darkmans* = nuit + Lat. *casa* = maison, etc. : ' *mans* ' est un affixe incliné commun = une chose ou un lieu : *par exemple lightmans* = jour ; *ruffmans* = un bois ou un buisson ; *greenmans* = les champs ; *Chepemans* = Cheapside market etc. Ligne 6. *amarré le dell* = défloré la fille : *dell* = vierge ; *voir* Harman, *Caveat* (1575), p. 75 : — « Un vallon est une jeune fille, capable depuis des générations, et pas encore connue ni brisée par l'homme honnête ». *Coper meke* (ou *make*) = un demi-penny. Ligne 7. *Sa montre* = lui : *ma montre* = moi, ou moi : *cf*. « ses nabs » et « mes nabs » en argot moderne. *Feng* (AS) = obtenir, voler, arracher. *Se prononce nobchete* = chapeau ou casquette de prince : *cheat* (AS) = chose, et principalement utilisé comme affixe : ainsi, *ventre-chete* = un tablier ; *caquetant-chete* = une volaille; *crashing-chetes* = les dents; *nubbing-chete* = la potence, et ainsi de suite. Ligne 8. *Cyarum, par Salmon* — la signification de *cyarum* est inconnue : *par Salmon* (ou *Salomon*) = serment d'un mendiant, c'est-à-dire près de l'autel ou de la messe. *Pek my jere* = manger des excréments : *cf* . « de la crotte dans la bouche ». Ligne 9. *gan* = bouche. *Ma montre* , voir *ante* , ligne 7. *Nace gere* = truc nauséabond : *cf. ante* , ligne 4 : *gere* = générique pour chose, truc ou matériel. Ligne 10. *bene bouse* = boisson forte ou vin.

La malédiction du mendiant

Thomas Dekker, l'un des pamphlétaires et dramaturges élisabéthains les plus connus, est né à Londres vers 1570 et a commencé sa carrière littéraire en 1597-1598 lorsqu'une entrée faisant référence à une avance de prêt apparaît dans le *journal de Henslowe* . Un mois plus tard, quarante shillings furent avancés de la même source pour le faire libérer de

le Comptoir, une prison pour débiteurs. Dekker était un écrivain très volumineux, et pas toujours très précis d'où il obtenait, ni comment il utilisait, le matériel pour ses traités et ses pièces de théâtre. *Le Belman de Londres mettant en lumière les méchancetés les plus notoires qui sont maintenant pratiquées dans le Royaume* (1608), dont trois éditions ont été publiées en un an, consiste principalement en des vols de Harman's *Caveat for Common Curselors* publié pour la première fois en 1566-7. Il n'a cependant pas échappé à la conviction puisque Samuel Rowlands l'a montré dans *Martin Mark-All* . Un autre exemple encore de « transport » en gros est mentionné dans la note des « Canting Rhymes » (*ante*). Mais malgré ce défaut et une certaine imprudence dans son travail, le savant d'aujourd'hui doit beaucoup à Dekker : ses informations sur la vie sociale de son temps sont telles qu'on ne peut les obtenir nulle part ailleurs, et elles le sont, donc maintenant d'une valeur sterling.

Lanthorne and Candlelight est la deuxième partie de *The Belman of London* . Publié également en 1608, il a eu deux éditions en 1609, une quatrième parue en 1612 sous le titre de *O per se O, ou un nouveau Cryer of Lanthorne and Candlelight, Being an Addition or Extending of the Belman's Second Night Walke* . Huit ou neuf éditions de cette deuxième partie parurent entre 1608 et 1648, toutes différentes plus ou moins les unes des autres, une autre variation se produisant lorsqu'en 1637 Dekker republia *Lanthorne and Candlelight* sous le titre de *English Villanies* , peu de temps après quoi il est censé être mort.

"Towre Out Ben Morts"

Samuel Rowlands, un écrivain volumineux *vers* 1570-1628, bien que peu connu aujourd'hui, a néanmoins occupé les éditeurs pendant trente ans, ses œuvres se vendant facilement pendant encore un demi-siècle. Parmi ses nombreuses productions, la moins précieuse du point de vue social et antiquaire est *Martin Mark-All, Beadle of Bridewell ; sa défense et sa réponse au Belman de Londres* (voir les deux notes *ante*).

Martin Markall livre lui-même un récit vivant et « original » du « régiment de voleurs, quand ils commencèrent à prendre la tête, et comment ils se succédèrent successivement jusqu'à la sixième et la vingtième année du roi Henri VIII, rassemblés » de la Chronique des Crackropes", etc. Il critique ensuite assez sévèrement les erreurs et omissions dans le glossaire Canting de Dekker, y ajoutant considérablement, et rejoint finalement le problème du Belman dans une tentative de donner "chanson pour chanson". Les « Canting Rhymes » de Dekker (plagiés de Copland) et « The Beggar's Curse » de Dekker ont ainsi apparemment donné naissance aux vers actuels et à ceux intitulés « The Maunder's Wooing » qui suivent.

Strophe I, vers I. *Ben* = Lat. *ben* = bon. *Mort* = une femme, chaste ou non. Ligne 3. *Rome-cove* = "un grand voyou" (BE, *Dict. Cant. Crew* , 1690), *c'est* -à-dire un organisateur ou l'auteur réel d'un vol : *quire-cove* = un voleur subordonné - l'argent était passé du véritable voleur à son complice. *Rom* (ou *rhum*) et *quier* (ou *queer*) entrent largement en combinaison, ainsi : *rom* = galant, fin, intelligent, excellent, fort ; *rom-bouse* = vin ou boisson forte ; *rumbite* = une astuce ou une fraude ; *rhum soufflé* = une belle maîtresse; *rhum-bung* = un sac à main plein ; *rhum-plongeur* = un pickpocket malin ; *rum-padder* = un bandit de grand chemin bien monté, etc. : aussi *queere* = vil, espiègle ; *queer-bung* = un sac à main vide ; *queer-cole* = mauvais argent ; *queer-diver* = un pickpocket maladroit ; *queer-ken* = une prison ; *queer-mart* = une pute en faillite, et ainsi de suite. *Budge* = un verbe général d'action, généralement une action furtive : ainsi, *bouger un bec* = donner l'erreur au policier, ou escroquer un policier ; *bouger* (ou *s'éteindre*) = se faufiler; *déclencher une alarme* = donner un avertissement.

La cour du Maunder

Voir la note précédente.

Strophe II, vers 2. *Autem mort* = une épouse ; ainsi Harman, *Caveat (1575)* : — « *Ces Autem Mortes doivent être mariées à des femmes, comme il n'y en a* que quelques-unes. Car Autem dans leur langue est une Église ; J'ai du Cowe, qui va chez Bull chaque lune, de quel Bull elle ne se soucie pas. Ligne 5. *wap* = mentir charnellement avec.

Strophe IV, ligne 5. *Whittington* = Newgate, du célèbre lord-maire de Londres qui a laissé un legs pour reconstruire la prison. Après 230 ans de présence, le bâtiment de Whittington fut démoli en 1666.

Strophe V, ligne 2. *Crackmans* = haies ou buissons. *Tip lowr with thy cont* = (littéralement) gagner de l'argent avec tes fesses, *c'est à dire* par la prostitution.

Strophe VI, ligne 2. *Clapperdogen* = (BE *Dict. Cant. Crew,* 1690) « un mendiant né et élevé » ; aussi Harman, *Caveat* , etc. p. 44 : — " Ceux-ci vont avec des manteaux rapiécés et ont avec eux leurs morts, qu'ils appellent épouses. "

"Un gage de Ben Rom-Bouse"

Thomas Middleton, un autre membre de la galaxie des écrivains élisabéthains qui ont apporté de nombreux éclairages sur la vie et l'époque de Shakespeare, est censé avoir une naissance douce. Il entra à Gray's Inn vers 1593 et fut associé à Dekker dans la production de *The Roaring Girl* , ayant probablement la plus grande part dans la composition. Les autorités s'accordent pour retrouver la main de Dekker dans les scènes de chant, mais moins certainement ailleurs. L'original du sac à main Moll Cut était une Mary Frith (1584-1659), fille d'un cordonnier du Barbican. Bien qu'elle ait été soigneusement élevée, elle s'est montrée particulièrement rétive face à la discipline et a finalement été lancée comme « une brute, un pickpurse, une diseuse de bonne aventure, un séquestre et un faussaire », dans tous les domaines où elle a acquis une notoriété considérable. Alors que l'héroïne de *The Roaring Girl,* Moll est présentée sous un jour bien plus favorable que ne le justifient les faits.

Ligne 11. *Et canapé jusqu'à ce qu'un palliard amarre mon dell* = (littéralement) « Et reste tranquille pendant qu'un mendiant dépuce ma fille », mais ici probablement = pendant qu'un mendiant fornique avec ma maîtresse.

"Bing Out, Bien Morts"

[Voir la note sur "La malédiction du mendiant"]. Dekker introduisant ces vers affirme "c'est une chanson inclinée non pas... composée comme celles des

Belman, hors de son propre cerveau, mais par les Canter eux-mêmes, et chantée lors de leurs réunions", dans laquelle, tout bien considéré, Dekker est probablement protester à outrance.

Strophe V, ligne 3. *Et wapping dell qui taquine bien* = une prostituée ou une maîtresse qui « se propage » de manière acceptable.

Strophe IX, ligne 2. *Bing hors du Rom-vil ;*

c'est-à-dire à Tyburn, puis le lieu d'exécution : *Rom-vile* = Londres.

La chanson du mendiant

La Description de l'Amour est une petite « guirlande » extrêmement rare, apparue pour la première fois en 1620 ; mais de cette édition, aucun exemplaire n'est connu. De la sixième édition, dont cet exemple est tiré, un exemplaire se trouve au British Museum et un autre dans la bibliothèque collectée par Henry Huth Esq. Une ballade quelque peu similaire se produit dans la Roxburgh Collection I, 42 (le refrain étant presque identique), sous le titre de "The Cunning Northern Beggar". Le titre complet est *A Description of Love. Avec certaines épigrammes, élégies et sonnets. Et aussi Mât. Réponse d'Iohnson à Mast. Garrot. Avec le cri de Ludgate et le chant du mendiant. La sixième édition. Londres, imprimé par MF pour FRANCIS COULES à l'extrémité supérieure du Old-Baily près de Newgate, 1629.*

Strophe II, ligne I. *Si un Bung est obtenu par la loi Hie, c'est-à-dire* par
vol de grand chemin. je

L'initiation de Maunder

John Fletcher (1579-1625), dramaturge, fils cadet du Dr Richard Fletcher, devenu évêque de Londres, et de sa première épouse Elizabeth, est né en décembre 1579 à Rye dans le Sussex, où son père officiait alors comme ministre. Un certain « John Fletcher de Londres » fut admis le 15 octobre 1591 comme retraité du Bene't (Corpus) College de Cambridge, dont le Dr Fletcher avait été président. Dycc suppose que ce John Fletcher, devenu l'un des clercs de la Bible en 1593, était le dramaturge. L'évêque Fletcher mourut dans des circonstances nécessiteuses le 15 juin 1596 et, par son testament daté du 26 octobre 1593, laissa ses livres être partagés entre ses fils Nathaniel et John.

Le Beggar's Bush fut joué à la Cour à Noël 1622 et fut populaire longtemps après la Restauration.

Fletcher fut enterré le 29 août 1625 à St. Saviour's, Southwark. « Lors de la grande peste de 1625 », dit Aubrey (*Lettres écrites par des personnalités éminentes,* vol. ii. pt. ip 352), « un chevalier de Norfolk ou de Suffolk l'a invité dans le pays. Il n'est resté que pour se confectionner un ensemble de vêtements, et pendant qu'il se confectionnait, il est tombé malade de la peste et est mort.

La vantardise du High Pad

Voir la note relative à "Les Maunder, Initiation", *ante* .

Les joyeux mendiants

On sait peu de choses sur la naissance ou l'extraction de Richard Brome, et on ne sait pas avec certitude s'il est mort en 1652 ou 1653. Pendant un certain temps, il servit de serviteur à Ben Jonson. *Le Jovial Crew* a été produit en 1641 au Cock-pit, un théâtre qui se trouvait sur le site de Pitt Place et qui sortait de Drury Lane pour rejoindre Gt. Rue sauvage.

Strophe I, ligne 5. *Allez-bien et Com-bien* = sortant et entrant.

La chanson à boire d'un mort

Voir Note aux « Joyeux Mendiants », *ante* .

"Je serai un mendiant"

Cette ballade est issue de la Bagford Collection qui, constituée par John Bagford (1651-1716), passa successivement entre les mains de JamesWest (président de la Royal Society), du major Pearson, du duc de Roxburghe et de M. BH Bright, jusqu'en 1845. et la collection Roxburghe, plus étendue, devint la propriété de la nation.

Strophe II, vers 1. *Maunder* = mendiant. Ligne 2. *filer* = pickpocket; *filcher* = voleur. Ligne 3. *galop* = un mendiant ou un voyou. Ligne 4. *lifter* = un voleur de magasin.

Strophe IV, ligne 8. *Compter* (ou *Counter*), *King's Bench, ni la Fleet* , toutes prisons pour débiteurs.

Strophe V, vers 6, *fouillis* = copuler.

Strophe VIII, ligne 5. *Avec Shinkin-ap-Morgan, avec Blue-cap, ou Teague* = Avec un Gallois, un Écossais ou un Irlandais — générique : comme le sont maintenant Taffy, Sandy et Pat.

Une chanson de Budg et Snudg

Chappell dans *Popular English Music of the Olden Time* dit que cette chanson apparaît dans *The Canting Academy* (2e éd. 1674) mais l'auteur n'a pas pu trouver une copie du livre en question. La chanson était très populaire et de nombreuses versions (toutes différentes) existent. Les deux données ont été soigneusement rassemblées. Les parties entre parenthèses [ ], - -par exemple strophe II, ligne 6, strophe III, lignes 1 à 7, strophe IV, lignes 5 à 8, etc. - n'apparaissent que dans le *New Canting Dict* . (1725). Il était chanté sur l'air maintenant connu sous le titre *Il y avait un joyeux meunier qui vivait autrefois sur la rivière Dee* .

Titre. *Budge* = "celui qui se glisse dans une maison dans l'obscurité et prend des manteaux, des manteaux ou tout ce qui lui tombe sous la main et s'en va avec eux" (BE, *Dict. Cant. Crew* , 1690). *Snudge* = "celui qui se cache sous un lit, pour guetter une opportunité de cambrioler la maison"—(BE, *Dict. Cant. Crew* , 1690).

Strophe I, ligne 7. *Whitt* = Newgate (voir Note p. 204).

Strophe V, ligne 3. *Jack Ketch* , le bourreau public 1663-1686.

L'éloge de Maunder à l'égard de sa mort errante

Le Triomphe de l'esprit de J. Shirley est un curieux travail de création de livres - ciseaux et pâte principalement - qui a connu de nombreuses éditions. Divisées en trois parties, les deux premières traitent principalement de « tout l'art et du mystère de l'amour dans toutes ses plus belles intrigues », des « lettres de choix avec leurs réponses » et d'autres sujets similaires. La partie III contient « le mystère et l'art du Canting, avec sa gestion originale et actuelle, et les fins auxquelles il sert et est employé : illustré de poèmes, de chansons et de diverses intrigues en langue Canting avec l'explication, etc. » Les chansons ont ensuite été incluses dans *The New Canting Dict.* (1725), et plus tard dans *Bacchus et Vénus* (1731).

Titre. *Strowling Mort* = trull d'un mendiant : — « faisant semblant d'être des veuves, parcourent parfois les pays... sont aux doigts légers, subtils, hypocrites, cruels et souvent dangereux à rencontrer, surtout quand le voleur est avec eux » (BE, *Dict. Cant . Équipage* , 1690).

Strophe I, ligne 1. *Doxy* - "Ces Dox sont brisés et dépouillés de leur esprit par les hommes honnêtes, et alors ils portent leur nom de Dox, et pas avant. Et après, elle est commen et indifférente à tous ceux qui l'utiliseront" .— Harman, *Mise en garde* , p. 73. Ligne 3. *imbéciles* = fesses ou cuisses. Ligne 4. *wap* = copuler (également strophe IV, ligne i).

Strophe II, vers 4. *clip et baiser* = copuler.

L'éloge de Rum-Mort à son infidèle Maunder

Évidemment une chanson d'accompagnement à l'exemple précédent : Voir Note *ante* . *Rum-Mort* = une mendiante ou une reine gitane.

Strophe I, vers 1. *Kinching-cove* = (littéralement) un enfant ou un jeune garçon : ici comme un signe d'affection. Ligne 4. *Clapperdogeon* = "Les Paillard ou Clapperdogeons sont ceux qui ont été élevés pour mendier dès leur enfance et qui simulent fréquemment une boiterie, donnant l'impression que leurs jambes, leurs bras et leurs mains sont douloureux" - *Triumph of Wit* , p. 185.

Strophe II, ligne 1. *Dimber-damber* = un chef du Canting
Crew, ou le chef d'un gang. Ligne 2. *Palliard* (Voir note Strophe
I). Ligne 3. *jockum* = *pénis* . Ligne 4. *lueur* =
feu ; ici, une vérole ou un applaudissement.

Strophe V, ligne 1. *manivelle* (ou *contrefaçon-manivelle*) — « Ceux qui contrefont
la manivelle sont des fripons et des prostituées qui dissimulent profondément
la maladie qui tombe ». — (Harman, *Caveat* , 1814, p. 33). Ligne 1. *dommerar*
= un mendiant feignant de devenir sourd-muet. Ligne 2. *rum-maunder* =
feindre la folie. Ligne 3. *Abram-cove* = un mendiant faisant semblant de folie
pour couvrir un vol. Ligne 4. *Empannages bien saccadés* = pass ou permis
savamment forgés.

Le cortège noir

Voir Note concernant J. Shirley à la page 209.

La chanson de Frisky Moll

John Harper (décédé en 1742), acteur, s'est produit à l'origine aux foires
Bartholomew et Southwark. Le 27 octobre 1721, son nom apparaît sous le
nom de Sir Epicure Mammon dans l' *Alchimiste* de Drury Lane. Il y resta onze
ans, jouant le rôle d'écuyers fous, de chasseurs de renards, etc., se révélant ce
que Victor appelle « un bas comédien joyeux et facétieux ». Sa bonne voix
était utile dans les ballades opéras et les farces. En raison de sa « timidité
naturelle », selon Davies, il a été choisi par Highmore, le titulaire du brevet,
afin de tester son statut d'acteur, pour être victime d'une procédure judiciaire
engagée en vertu du Vagrant Act, 12 Queen Anne, et le 12 novembre 1733,
il fut interné à Bridewell comme vagabond. Le 20 novembre, il comparut
devant le juge en chef du Banc du Roi. On a plaidé en sa faveur qu'il payait
ses dettes, qu'il était très estimé des personnes de condition, qu'il était
propriétaire foncier dans le Surrey et maître de maison à Westminster. Il a été
démis de ses fonctions au milieu d'acclamations, sur sa propre
reconnaissance.

La Sérénade du Canter

Le New Canting Dictionary (1725) est, pour l'essentiel, une réimpression du
*Dictionary of the Canting * Crew* (*vers* 1696) compilé par BE. La principale
différence est que le premier contient une collection de Canting Songs, dont
la plupart sont inclus dans la présente collection.

Strophe I, ligne 3. *palliards—voir* Note, p. 210, dix lignes à partir du bas.

"Retour mon cher Dell"

Voir la note relative à « La sérénade du Canter ». Cette chanson semble être une variation d'une chanson beaucoup plus ancienne, généralement attribuée à Chas II, intitulée *Je passe toutes mes heures dans un vieux bosquet ombragé* .

Le vain rêveur

Voir la note relative à « La sérénade du Canter ».

"Quand j'ai courtisé mon Dimber Dell"

Voir la note relative à « La sérénade du Canter ». Les deux premières strophes apparaissent sous une forme quelque peu différente comme « une nouvelle chanson » à l'époque de la *Ruine de la Belle* dans *Le Triomphe de l'Esprit* (1707), dont la première strophe est la suivante : —

Lorsque j'ai fait la cour à Dorinda pour la première fois,
elle avait aussi du charme et de la beauté ; Conquérir les plaisirs quand elle jouait, Le transport était toujours nouveau : Mais le temps perdu la trompe maintenant, Ce que ses gloires soutenaient ; Tous ses arts ne pourront jamais la soulager, la pauvre Dorinda est vieille.

Strophe I, vers 4. *Wap* = l'acte de gentillesse. *Dimber dell* = jolie fille - "Une dell est une jeune fille, capable depuis des générations, et pas encore connue ou brisée par l' homme honnête… quand elle a été liée avec tous par l'homme honnête, alors ce sont des Dox, et pas de Dell." — (HARMAN).

Strophe III, ligne 3. *Hommes droits* — « le deuxième rang des tribus Canting, ayant le droit exclusif de loger la première nuit chez les Dells. » — (BF, *Dict. Cant. Crew* , 1696).

Le serment de l'équipage du Canting

Bamfylde Moore Carew, le roi des Tsiganes, né en 1693, était le fils du recteur de Bickley, près de Tiverton. On raconte que pour éviter la punition d'un jeune monstre, il s'est enfui avec quelques compagnons et a rejoint les gitans. Au bout d'un an et demi, Carew revint pour un certain temps, mais rejoignit bientôt ses vieux amis. Sa carrière fut une longue suite d'escroqueries et d'impostures, très ingénieusement menées, trompant parfois des gens qui auraient dû bien le connaître. Sa nature agitée le poussa alors à s'embarquer pour Terre-Neuve, où il ne s'arrêta que peu de temps, et à son retour il prétendit être le second d'un navire et s'enfuit avec la fille d'un respectable apothicaire de Newcastle sur Tyne, qu'il marié. Il poursuivit son cours de vagabondage pendant un certain temps, et lorsque Clause Patch, un roi ou chef des gitans, mourut, Carew fut élu son successeur. Il a été reconnu coupable de vagabond oisif et condamné à être transporté dans le Maryland. À son arrivée, il tenta de s'échapper, fut capturé et obligé de porter un lourd collier de fer, s'enfuit de nouveau et tomba entre les mains de quelques Indiens amis, qui le retirèrent de son collier. Il profita de l'occasion pour quitter ses nouveaux amis et s'installa en Pennsylvanie. Ici, il prétendit être un quaker et, en tant que tel, se rendit à Philadelphie, de là à New York, puis à New London, où il s'embarqua pour l'Angleterre. Il échappa à toute impression à bord d'un navire de guerre en se piquant les mains et le visage, et en y frottant du sel de laurier et de la poudre à canon, de manière à simuler la variole. Après son débarquement, il continua ses impostures, retrouva sa femme et sa fille, et semble avoir erré en Écosse vers 1745, et aurait accompagné le prétendant à Carlisle et Derby. Le récit de sa vie à cette époque n'est qu'une série de fraudes et de tromperies, et on sait très peu de choses sur sa carrière, si ce n'est qu'un parent, Sir Thomas Carew de Hackern, proposa de subvenir à ses besoins s'il abandonnait son errance. vie. Il a refusé de le faire, mais on pense qu'il l'a finalement fait après avoir gagné quelques prix à la loterie. La date de son décès est incertaine. Il est généralement donné, mais sans aucune autorité, comme étant en 1770 mais « IP », écrivant depuis Tiverton, dans *Notes and Queries* , 2e série, vol. IV, p. 522, dit qu'il est mort en 1758. L'histoire détaillée de sa vie se trouve dans le célèbre et certainement très imprimé *Life and Adventures of Bamfylde Moore Carew* , dont la première édition (1745) le décrit sur le page de titre comme "la poussette et le voleur de chiens notés du Devonshire". Ce livre prétend avoir été « noté par lui-même lors de son passage en Amérique », mais bien que les faits aient sans aucun doute été fournis par Carew lui-même, la paternité réelle est incertaine, bien que la balance des probabilités repose sur Robert Goadby, imprimeur et compilateur de Sherborne Dorsetshire, qui a imprimé une édition en 1749. Un correspondant de *Notes and Queries* déclare cependant que Mme Goadby l'a écrite sous la dictée de Carew. [*N. et Q.* 2 S iii. 4 ; iv. 330, 440, 522],

Ligne 1. *Crank Cuffin = Queer Cove* = un voyou. Ligne 9. *Stop-hole Abbey* , "le surnom du rendez-vous principal du Canting Crew".—(BE, *Dict. Cant. Crew* , 1696). Ligne 17. *Abram* = ancien mendiant fou de l'hôpital de Bethléem qui, certains jours, était autorisé à sortir mendier : d'où un mendiant feignant la folie. *Ruffler crack* = un voyou expert. Ligne 18. *Hooker* = "Les valets péryllous et les plus méchants… car, pendant qu'ils marchent chaque jour, de maison en maison, pour demander la Charité… notant bien ce qu'ils voient… qu'ils seront sûrs d'avoir… car ils portent habituellement avec eux un bâton de V. de VI pied de long, dans lequel à un pouce du sommet de celui-ci, il y a un petit trou percé, dans lequel trou ils mettent un crochet en fer, et avec le même ils y arracheront rapidement tout ce qu'ils peut reche avec cela. "— (Harman, *Caveat* , 1869, p. 35, 36). Ligne 19. *Frater* = "comme demander un faux brevet ou un dossier pour les hôpitaux, les prisons, les incendies, etc." - (BE). Ligne 20. *Toyle irlandais* = un mendiant-voleur, travaillant sous prétexte de colporter des épingles, de la dentelle et des articles similaires. Ligne 21. *Dimber-damber* = le chef d'un gang : également un voleur expert. *Pêcheur* = talonneur (voir *ante*). Ligne 23. *swigman* = un mendiant colportant de la mercerie pour couvrir le vol et la coquinerie. *Clapperdogeon* = un mendiant né et élevé, *voir* note p. 210, dixième ligne à partir du bas. Ligne 24. *Curtal* — « un curtall ressemble beaucoup à l'homme honnête (c'est-à-dire celui qui détient l'autorité, qui peut « demander des comptes », « commander une part », châtier ceux qui sont sous lui et « forcer n'importe laquelle de leurs femmes à servir son tour"), mais son autorité n'est pas tout à fait aussi grande. Il a l'habitude d'aller avec un manteau court, comme celui de Friers gris, et sa femme avec lui dans la même livrée, qu'il appelle son Altham si elle est sa femme, et si elle est sa prostituée, elle s'appelle hys Doxy. "— (HARMAN). Ligne 25. *Whip-jack* = un voyou mendiant avec un permis contrefait. *Palliard* = un mendiant né et élevé. *Patrico* = un prêtre des haies. Ligne 26. *Jarkman* = "celui qui sait écrire et lire, et parfois parler latin. Il a l'habitude de fabriquer des licences contrefaites qu'ils appellent des empannages, et met des sceaux, dans leur langue appelée Jarkes. "—(HARMAN). Ligne 27. *Dommerar* = un voyou se faisant passer pour sourd-muet. *Romani* = un gitan. Ligne 28. *La famille* = la fraternité des vagabonds.

"Venez tous, tampons gays"

Dans la Collection Roxburghe (ii. 504) se trouve une ballade sur laquelle la présente chanson est clairement basée. On l'appelle *The West Country Nymph, ou la petite servante de Bristol* à l'époque du *jeune Jemmy* (*c'est-à-dire* le duc de Monmouth, le fils naturel de Charles II). La première strophe s'exécute-

Venez toutes, jeunes filles,
et écoutez ma chansonnette, à la foire de la ville de Bristol, vivait une jolie demoiselle.

L'homme aux pommes de terre

Strophe II, ligne 2. *Cly* = proprement poche, mais ici on entend évidemment le contenu.

Strophe IV, ligne 1. *Oeil d'oiseau bleu* = un mouchoir bleu et soie avec des taches blanches.

Une pastorale d'argot

On ne sait rien de R. Tomlinson. Le Dr Byrom dont le poème est ici parodié est peut-être mieux connu comme l'auteur d'un système de sténographie autrefois célèbre. Il est né en 1691, est allé à la Merchant Taylor's School et, à l'âge de 16 ans, a été admis comme retraité du Trinity College de Cambridge. C'est ici qu'il a écrit *Mon temps, ô muses* . Il mourut en 1763 et ses poèmes, un recueil non négligeable, furent publiés en 1773.

"Vous les coquins, vous les tampons, vous les plongeurs"

Strophe I, vers 1. *Le laïc* = une poursuite, un stratagème : ici = vol et coquinerie en général.

Strophe IV, ligne 4. *Comme Blackamore Othello &c.* — la référence est à *Othello*, v. 2. « Pourtant, elle doit mourir, sinon elle trahira d'autres hommes. Éteignez la lumière, et ensuite… éteignez la lumière.

Le mariage du marchand de sable

Bien que le nom de George Parker ne soit pas formellement attaché à cette "Cantate", il semblerait peu probable, d'après des preuves internes, qu'elle, avec les deux chansons qui la suivent immédiatement, fasse partie d'une série caractéristique de la plume de ce soldat-acteur itinérant. Parker est né en 1732 à Green Street, près de Canterbury et a été « admis très tôt », dit-il, « pour marcher sur la dunette en tant qu'aspirant à bord du Falmouth et du Guernsey ». Une série d'indiscrétions de jeunesse à Londres l'obligea à quitter la marine et, vers 1754, à s'enrôler comme simple soldat dans le 20e régiment d'infanterie, dont le deuxième bataillon devint en 1758 le 67e régiment, sous le commandement de Wolfe. Dans son régiment, il resta soldat, caporal et sergent pendant sept ans, fut présent au siège de Belleisle et servit au Portugal, à Gibraltar et à Minorque. À la fin de la guerre, il rentra chez lui comme commis aux accises surnuméraire. Vers 1761, ses amis le placèrent à l'auberge King's Head à Cantorbéry où il échoua bientôt. Parker monta sur scène en Irlande et, en compagnie de Brownlow Ford, un ecclésiastique aux habitudes conviviales, se promena dans la plus grande partie de l'île. À son retour à Londres, il joua plusieurs fois au Haymarket et fut ensuite présenté par Goldsmith à Colman. Mais en raison de sa corpulence, Colman déclina ses services. Parker rejoint ensuite les compagnies de promenade provinciales et est engagé pour une saison avec Digges, alors directeur du Théâtre d'Édimbourg. À Édimbourg, il épousa une actrice nommée Heydon, dont il fut cependant bientôt obligé de se séparer à cause de sa vie dissolue. De retour à Londres, il s'installa comme conférencier itinérant sur l'élocution et, dans ce rôle, voyagea avec plus ou moins de succès à travers l'Angleterre. En novembre 1776, il entreprit une visite en France et vécut à Paris pendant plus de six mois grâce aux fonds fournis par son père. Ses ressources étant épuisées, il quitte Paris à la mi-juillet 1777 à pied. En arrivant en Angleterre, il fit une autre tournée de conférences, qui se révéla infructueuse. Son esprit, son humour et sa connaissance du monde en faisaient autrefois un appendice indispensable aux réunions conviviales de ce genre ; mais dans ses derniers jours, il fut si entièrement négligé qu'il fut obligé de vendre des noix en pain d'épice dans les foires et les courses pour subvenir à ses besoins. Il mourut à l'hospice de Coventry en avril 1800.

Le couple heureux et le baptême de Bunter et les Masqueraders

Voir la note (*ante*) de "Le mariage du marchand de sable". *Life's Painter etc.* a connu plusieurs éditions.

L'homme flash de Saint-Gilles

Strophe II, vers 7. *Ivre comme la truie de David* = ivre bestiale. Grose (*Classal Dictionary of the Vulgar Tongue*) dit : Un certain David Lloyd, un Gallois qui tenait une brasserie à Hereford, possédait une truie à six pattes, qui était un objet d'une grande curiosité. Un jour, la femme de David, s'étant trop adonnée, s'est couchée dans l'étable pour dormir, et un groupe est venu voir la truie. David les a conduits à l'étable en leur disant, comme d'habitude : « Il y a une truie pour vous ! tu vois ça ?" L'un des visiteurs a répondu : "Eh bien, c'est la truie la plus ivre que j'ai jamais vue." C'est pour cela qu'on a toujours appelé la femme « la truie de Davy ».

Un Leary Mot

Strophe III, ligne 1. *Cock and Hen Club* = un jeu gratuit et facile pour les deux sexes.

Strophe IV, ligne 4. *Tom Cribb — voir* note p. 223.

"La nuit avant que Larry ne soit étiré"

Ni la paternité ni la date de ces vers inimitables ne sont connues avec certitude. Selon les meilleures autorités, Will Maher, un cordonnier de Waterford, a écrit la chanson. Le Dr Robert Burrowes, doyen de St. Finbar's Cork, à qui on l'a si souvent attribué, ne l'a certainement pas fait. Souvent cité dans les recueils de chansons et ailleurs. Francis Sylvester Mahony, mieux connu sous le nom de « Père Prout », a contribué au *Froser's Magazine* la traduction suivante en français.

La mort de Socrate.

Par l'abbé de Prout, curé du Mont-aux-Cressons, près de Cork.

A la veille d'être pendu,
Notr' Laurent reçut dans son gite, Honneur qui lui était bien dû,De nombreux amis la visite; Car chacun scavait que LaurentA son tour rendrait la pareille, Chapeau montre, et veste engageant,Pour que l'ami mettre boire bouteille, Ni faire, à gosier sec, le saut.

"Hélas, notre jardin !" lui dis-je,
"Combien je regrette ton sort! Te voilà fleur, que sur sa tigeMoisonne la cruelle mort!"— "Au diable", dit-il, "le roi George! Ça me fait la valeur d'un bouton; Devant le boucher qui m'égorge,Je serai comme un doux mouton, Et saurai montrer du courage!"

Des amis déjà la cohorte
Remplissait son étroit réduit : Six chandelles, ho ! qu'on apporte,Donnons du lustre à cette nuit! Alors je cherchai à connaitreS'il s'était dument repenti ? "Bah ! c'est les fourberies des prêtres. Les gredins, ils en ont menti, Et leurs contes d'enfer sont faux !"

L'on demande les cartes. Au jeu
Laurent voit un larron qui triche ; D'honneur tout rempli, il prend feu,Et du
bon coup de poign l'affiche. "Ha, coquìn! de mon dernier jourTu croyais
profiler, peut-être; Tu oses me jouer ce tour!Prends ça pour ta peine, vil
traître! Et apprends à te bien conduire!"

Quand nous eûmes arrêté nos ébats,
Laurent, en ce triste repaire Pour le disposer au trépas,Voit entrer Monsieur
le Vicaire. Après un sinistre regard,Le front de sa main il se frotte, Disant
tout haut, "Venez plus tard!" Et tout has, "Vilaine calotte!" Puis son verre il
vida deux fois.

Lors il parle de l'echaufaud,
Et de sa dernière cravate; Grands Dieux ! que ça paraissait beauDe la voir
mourir en Socrate! Le trajet en chantant il fit — La chanson point ne fut un
pseaume ; Mais palit un peu quand il vit. La statut de Roy Guillaume — Les
pendards n'aiment pas ce roi !

Quand fut au bout de son voyage,
Le gibet fut prêt en un clin : Mourant îl tourna de visageVers la bonne ville
de Dublin. Il dansa la carmagnole,Et mont comme fit Malbrouck; Puis nous
enterrâmes le drôleAu cimetière de Donnybrook Que son âme y soit en
repos!

Strophe V, ligne 3. *Kilmainham* , une prison près de Dublin.

Strophe VI, ligne 7. *Roi Guillaume* , statue de Guillaume III érigée sur College
Green en commémoration de la bataille de la Boyne. Elle fut longtemps
l'objet de nombreux mépris de la part des nationalistes. Il a été détruit en
1836, mais a ensuite été restauré.

La chanson du jeune Prig

On dit qu'il a été écrit par le petit Arthur Chambers, le prince de Prigs, qui
était l'un des voleurs les plus experts de son temps. Il a commencé à voler
alors qu'il portait des jupons et est décédé peu de temps avant que Jack
Sheppard ne soit remarqué. Cependant, les preuves internes rendent cette
paternité très improbable.

Strophe I, ligne 1. *Dyots Isle, c'est-à-dire* Dyot St., St. Giles, appelé plus tard
George St. Bloomsbury, était une colonie bien connue où se rassemblaient
les voleurs et leurs associés.

Strophe II, ligne 3. *Et j'ai appris ma lecture tôt En étudiant les livres de poche.* "Livre
de poche" = lecteur.

Strophe IV, ligne 1. *Travailler le capital* = commettre un crime passible de mort.
Avant 1829, de nombreuses infractions, considérées aujourd'hui comme

relativement insignifiantes, étaient considérées comme méritant la peine extrême de la loi.

Le match de fraisage

Mémorial de Tom Cribb au Congrès : avec une préface, des notes et une annexe. Par l'un des fantaisies. Londres, Longmans & Co., 1819. Il y a eu plusieurs éditions. Habituellement, et pour cause, attribué à Thomas Moore. On peut remarquer que, bien que la renommée de l'Irlandais Anacréon repose sans conteste sur ses contributions les plus sérieuses à la littérature, il n'a néanmoins jamais été aussi populaire que lorsqu'il s'agissait de ce qui, au début du siècle actuel, était connu sous le nom de LE FANTAISIE. Le pugilisme prend alors la place, dans l'esprit populaire, qu'occupent aujourd'hui le football et le cricket. Tom Cribb est né à Hanham dans la paroisse de Bitton, Gloucestershire, en 1781, et arrivé à Londres à l'âge de treize ans, il suivit le métier de porte-cloches, puis devint porteur aux quais publics, et fut ensuite marin. Du fait qu'il avait travaillé comme porteur de charbon, il devint connu sous le nom de « Black Diamond » et, sous cette appellation, il livra sa première bataille publique contre George Maddox à Wood Green le 7 janvier 1805, lorsqu'après soixante-seize rounds, il fut proclamé vainqueur et reçut de nombreux éloges pour son sang-froid et son tempérament malgré un traitement très injuste. En 1807, il fut présenté au capitaine Barclay, qui, percevant rapidement ses qualités naturelles, le prit en main et l'entraîna sous ses propres yeux. Il remporta le championnat devant Bob Gregson en 1808 mais en 1809, il fut battu par Jem Belcher. Il a ensuite récupéré la ceinture. Après une aventure infructueuse en tant que marchand de charbon à Hungerford Wharf, à Londres, il subit la métamorphose habituelle de pugiliste à publicain et remporta le Lion d'Or à Southwark ; mais trouvant cette position trop à l'est pour ses clients aristocratiques, il s'installa au King's Arms, au coin de Duke Street et King Street, St. James's, puis, en 1828, au Union Arms, 26 Panton Street, Haymarket. Le 24 janvier 1821, il fut décidé que Cribb, après avoir détenu le championnat pendant près de dix ans sans recevoir de défi, ne devait plus se battre et devait être autorisé à détenir le titre de champion pour le reste de sa carrière. vie. Le jour du couronnement de George IV, Cribb, habillé en page, faisait partie des combattants engagés pour garder l'entrée de Westminster Hall. Ses années de déclin furent perturbées par des troubles domestiques et de graves pertes pécuniaires et, en 1839, il fut obligé de céder les armes de l'Union à ses créanciers. Il mourut dans la maison de son fils, boulanger de High Street, Woolwich, le 11 mai 1848, à l'âge de 67 ans, et fut enterré dans le cimetière de Woolwich, où, en 1851, un monument représentant un lion en deuil sur les cendres d'un héros a été érigée à sa mémoire. En tant que professeur de son art, il était sans égal, et dans son respect du fair-play, il n'a jamais été surpassé ; il avait un caractère d'une intégrité irréprochable et d'une humanité incontestable.

Ya Hip, mes amis !

Strophe III, ligne 8. *Houyhnhnms* . Une race de chevaux dotée de la raison humaine et régnant sur la race humaine – une référence aux *Voyages de Gulliver de Dean Swift* (1726).

Sonnets pour la fantaisie

Pierce Egan, l'auteur des aventures de Tom et Jerry, est né vers 1772 et est décédé en 1849. Il avait gagné ses galons en tant que journaliste sportif en 1812 et fut reconnu pendant onze ans comme l'un des épigrammatistes les plus intelligents. écrivains et esprits de l'époque. *Boxiana* , une série mensuelle, a été lancée en 1818. Elle consistait en « Esquisses du pugilisme moderne », donnant des mémoires et des portraits de tous les pugilistes les plus célèbres, contemporains et antérieurs, avec des rapports complets sur leurs combats, victoires et défaites respectifs. , raconté avec tant d'humour fougueux, mais avec une telle attention à l'exactitude, que l'œuvre occupe une position unique. Il fut continué en plusieurs volumes, avec des plaques de cuivre, jusqu'en 1824. A cette date, ayant vu que les Londoniens lisaient avec avidité ses récits de sports et de passe-temps à la campagne, il conçut l'idée d'une description similaire des divertissements poursuivis par les sportifs en ville. En conséquence, il annonça la publication mensuelle de *Life in London en shillings et obtint l'aide de George Cruikshank et de son frère, Isaac Robert Cruikshank, pour dessiner et graver les illustrations à l'aquatinte, à colorier à la main.* George IV avait fait présenter Egan à la cour et avait immédiatement accepté la dédicace de l'ouvrage à venir. C'était d'autant plus généreux de la part du roi qu'il devait savoir qu'il avait souvent été satirisé et caricaturé sans pitié dans la littérature *Green Bag* de G. Cruikshank, l'illustrateur prévu. Le 15 juillet 1821 parut le premier numéro de *Life in London* ; ou, « Les scènes de jour et de nuit de Jerry Hawthorn, Esq., et de son élégant ami, Corinthian Jem, accompagnés de Bob Logic, l'Oxonien, dans leurs randonnées et virées à travers la métropole. Le succès fut instantané et sans précédent. Cela a pris d'assaut la ville et la campagne. La demande d'exemplaires était si grande, augmentant avec la publication de chaque numéro successif, mois après mois, que les coloristes ne pouvaient pas suivre le rythme des imprimeurs. Les scènes alternées de la grande vie et de la basse vie, les personnages contrastés et les révélations de la misère côte à côte avec le gaspillage prodigue et la folie, attiraient l'attention, tandis que la vivacité du dialogue et de la description ne faiblit jamais.

Strophe III, ligne 10. *New Drop* . La peine extrême de la loi, longtemps appliquée à Tyburn (près du coin Marble Arch de Hyde Park), a finalement été transférée à Newgate. La lamentation sur « la joyeuse errance de Tyburn » était, sans aucun doute, sincère et caractéristique. Les exécutions étaient alors l'un des meilleurs prétextes pour pique-niquer et se réjouir. Pourtant, le changement de décor vers Newgate ne semble pas avoir beaucoup nui à ces fonctions, comme le montre le spectacle. "Newgate aujourd'hui", dit un auteur récent du *Daily Mail*, est peu recherché et presque vacant, en règle générale. Autrefois, des foules énormes étaient rassemblées sans discernement : jeunes et vieux, innocents et coupables, hommes, femmes et enfants, délinquants odieux et néophytes dans le crime. La pire partie de la prison était la « cour de la presse », l'endroit alors réservé aux condamnés à mort. Il y en avait jusqu'à soixante ou soixante-dix quelquefois dans ces limites étroites, et la plupart étaient retenus six mois et plus, oscillant ainsi entre une existence misérable et une mort honteuse. Des hommes qui s'attendaient momentanément à être pendus côtoyaient d'autres qui espéraient encore un sursis. Si les premiers étaient sérieusement enclins, ils étaient tout à fait exclus de la méditation religieuse privée, mais fréquentaient, forcément, des voyous téméraires, qui jouaient à saute-mouton, juraient et buvaient continuellement. Parmi les condamnés figuraient des enfants en bas âge ; les fous aussi faisaient rage furieusement dans la cour de la presse et constituaient un ennui et un danger constant pour tous. Le « sermon des condamnés » dans la chapelle de la prison attirait une foule de gens à la mode, venus regarder ceux qui allaient mourir, entassés ensemble sur un long banc tendu de noir, et sur une table devant était placé un cercueil ouvert. À l'extérieur, à Old Bailey, les jours de l'exécution, les scènes horribles déroutent presque toute description. Des milliers de personnes se sont rassemblées pour se réjouir des luttes mourantes des criminels, et se sont battues, ont rugi et se sont piétinées à mort dans leur horrible acharnement, de sorte que des centaines ont été blessées ou tuées. Dix ou douzaines étaient parfois pendus à la suite, hommes et femmes côte à côte.

Le vrai boxeur à fond

Le Chanteur Universel, ou Musée de la Joie ; formant la collection la plus complète de chansons anciennes et modernes en langue anglaise, avec un index classé… Agrémenté d'un frontispice et de gravures sur bois, conçu par George Cruikshank etc. 3vols. Londres, 1825-26. 8vo.

Strophe I, ligne 1. *Moulsey-Hurst rig* = un combat de prix : Moulsey-Hurst, près de Hampton Court, a longtemps été un *lieu privilégié* pour les rencontres pugilistiques. Ligne 3. *Fibber un nob est un excellent travail* = recevoir une succession rapide de coups sur la tête est très amusant. Ligne 4. *Pétrir la pâte* = un bon battage. Ligne 6. *Belly-go-firsters* = un premier coup, généralement donné dans le ventre. Ligne 8. *Tasses à mesurer pour un travail en chancellerie* = mettre la tête sous le bras ou 'en chancellerie'.

Strophe II, ligne 1. *Flooring* = downing (un homme). *Flushing* = porter un coup directement sur la marque et directement depuis l'épaule. Ligne 5. *Traversée* = combat déloyal ; se dérober.

Strophe III, vers 5. *Bureau d'avitaillement* = l'estomac. Ligne 6. *Smeller et ogles* = nez et yeux. Ligne 7. *Corbeille à pain* = estomac. Ligne 8. *En brindille* = en forme ; prêt.

Bobby et sa Mary

[Voir *ante* pour une note sur *Universal Songster*].

Strophe I, ligne 1. *Rue Dyot*, voir note page 222.

Strophe II, ligne 16. *La cloche de Saint-Pulchre*, la grande cloche de Holborn de Saint-Sépulcre, près de Newgate, commence toujours à sonner un peu avant l'heure de l'exécution, sous le legs de Richard Dove, qui a ordonné qu'une exhortation soit fait à "... prisonniers qui sont à l'intérieur, qui sont condamnés à mourir pour la méchanceté et le péché, prêtez l'oreille à cette cloche qui passe."

Pauvre Luddy

Thomas John Dibdin (1771-1841), l'auteur de cette chanson, était acteur et dramaturge, fils illégitime de Charles Dibdin l'aîné. Il affirme avoir écrit près de 2 000 chansons.

La chasse aux pickpockets

Eugène François Vidocq était originaire d'Arras, où son père était boulanger. Dès ses premières associations, il tomba dans des excès qui le conduisirent à fuir le toit paternel. Après des événements divers, rapides et sans exemple dans le roman de la vie réelle, dans lesquels il était tout tour à tour et rien de long, il fut libéré de prison et devint l'agent principal et le plus actif de la police. Il fut nommé chef de la police de sûreté sous MM. Delavau et Franchet, et resta en cette qualité de 1810 à 1827, période pendant laquelle il extirpa les bandes de voyous les plus redoutables auxquelles les excès de la révolution et les événements ultérieurs avaient causé des torts. donné toute latitude aux vols audacieux et aux excès iniques. Il s'installe comme papetier à Saint-Mandé près de Paris.

De Maginn (1793-1842), on peut dire qu'il fut sans aucun doute l'un des écrivains les plus polyvalents de son temps. On se souvient peut-être mieux de lui en relation avec les *Noctes Ambrosianæ*, parues pour la première fois dans *Blackwood*, et dont l'idée est généralement attribuée à Maginn. Il était également largement préoccupé par la création du *système Fraser*. L'interprétation anglaise par Maginn de la célèbre chanson de Vidocq est apparue pour la première fois dans *Blackwood* en juillet 1829. Pour le bénéfice des curieux, l'original est annexé. On verra que Maginn était très fidèle à sa copie.

En roulant de vergne en vergne [1]
Pour apprendre à goupiner, [2]J'ai rencontré la mercandière, [3]Lonfa malura dondaine,Qui du pivois solisait, [4]Lonfa malura dondé.

J'ai rencontré la mercandière
Qui du pivois solisait;Je lui jaspine en bigorne; [5]Lonfa malura dondaine,Qu'as tu donc à morfiller ? [6]Lonfa malura dondé.

Je lui jaspine en bigorne;
Qu'as tu donc à morfiller? J'ai du chenu pivois sans lance. [7]Lonfa malura dondaine,Et du larton savonné [8]Lonfa malura dondé.

J'ai du chenu pivois sans lance
Et du larton savonné,Une lourde, une tournante, [9]Lonfa malura dondaine,Et un pieu pour roupiller [10]Lonfa malura dondé.

Une lourde, une tournante
Et un pieu pour roupiller.J'enquille dans sa cambriole, [11]Lonfa malura dondaine,Espérant de l'entifler, [12]Lonfa malura dondé.

J'enquille dans sa cambriole
Espérant de l'entifler;Je rembroque au coin du fusil, [13]Lonfa malura dondaine,Un messière qui pionçait, [14]Lonfa malura dondé.

Je rembroque au coin du fusil
Un messière qui pionçait;
J'ai sondé dans ses vallades, [15]
Lonfa malura dondaine,Son carle j'ai pessigué, [16]Lonfa malura dondé.

J'ai sondé dans ses vallades,
Son carie j'ai pessigué,Son carle et sa tocquante, [17]Lonfa malura dondaine,Et ses attaches de cé, [18]Lonfa malura dondé.

Son carle et sa tocquante,
Et ses attaches de cé,Son coulant et sa montante, [19]Lonfa malura dondaine,Et son combre galuchéLonfa malura dondé.

Son coulant et sa montante
Et son combre galuché, [20]Son frusque, aussi sa lisette, [21]Lonfa malura dondaine,Et ses tirants brodanchés, [22]Lonfa malura dondé.

Son frasque, aussi sa lisette
Et ses tirants brodanchés. Crompe, crompe, mercandière, [23]Lonfa malura dondaine, Car nous serions béquilles, [24]Lonfa malura dondé.

Crompe, crompe, mercandière,
Car nous serions béquilles. Sur la placarde de vergne, [25]Lonfa malura dondaine,II nous devrions gambiller, [26]Lonfa malura dondé.

Sur la placarde de vergne
Il nous faudrait gambiller, Allumés de toutes ces largues, [27] Lonfa malura dondaine, Et du trèpe rassemblé, [28] Lonfa malura dondé.

Allumés de toutes ces largues
Et du trèpe rassemblé;Et de ces charlots bons drilles, [29]Lonfa malura dondaine,Tous aboulant goupiner. [30]Lonfa malura dondé.

[1 : Vergne, *ville.*] [2 : Goupiner, *voler.*] [3 : Mercandière, *commerçantes.*] [4 : Du pivois solisait, *vendait du vin.*] [5 : Jaspine en bigorne, *dire en cant.*] [6 : Morfiller, *manger et boire.*] [7 : Chenu, *bien.* Lance, *de l'eau.*] [8 : Larton savonné, *pain blanc.*] [9 : Lourde, *porte.* Tournante, *clé.*] [10 : Pieu, *lit.* Roupiller, *pour dormir.*] [11 : J'enquille, *j'entre.* Cambriole, *chambre.*] [12 : Entifler, *se marier.*] [13 : Rembroque, *voir.* Fusil, *feu* .] [14 : *Homme Mesisère* . Pionçait, *comme endormi* .] [15 : Vallades, *poches* .] [16 : Carle, *argent* . Pessigué, *prise* .] [17 : Tocquante, *montre* .] [18 : Attaches de ce, *boucles argent* .] [19 : Coulant, *chaîne* . Montante, *culotte* .] [20 : Combre galuché, *chapeau lacé* .] [21 : Frusque, *manteau* . Lisette, *gilet* .] [22 : Tirants brodanchés, *bas brodés* .] [23 : Note de bas de page : Crompe, *fugue* .] [24 : Béquilles, *pendue* .] [25 : Placarde de vergne, *place publique* .] [26 : Gambiller, *pour danser* .] [27 : Allumés, *regardait* . Largues, *femmes* .] [28 : Trèpe, *foule* .] [29 : Charlots bons drilles, *joyeux voleurs* .] [30 : Aboulant, *venant* .]

Strophe XIII, ligne 5. Coton, l'ordinaire à Newgate.

Sur le Prigging Lay

Mémoires de Vidocq (4 vol., 1828-9), dit de cette interprétation française et des suivantes qu'ils « avec tous leurs défauts et toutes leurs erreurs, doivent être ajoutés à la liste des qualités du traducteur ». péchés, qui s'excuserait auprès de la Muse s'il savait lequel des neuf préside à la poésie en argot. L'original de "On the Prigging Lay" est le suivant : -

Un jour à la Croix-Rouge
Nous étions dix à douze (*She s'interrompit avec* " Comme
à l'instant même. ") Nous étions dix à douze Tous grinches de renom, [1] Nous attendions la sorgue [2] Voulant poisser des bogues [3]Pour faire du milliard. [4] (*bis*)

Partage ou non partage
Tout est à notre usage;N'épargnons le poitou [5]Poissons avec adresse [6] Messières et gonzesses [7]
Sans faire de regout. [8] (*bis*)

Dessus le pont au changement
Certain argent-de-changeSe criblait au charron, [9]J'engantai sa toquante
[10]Ses attaches brillantes [11]Avec ses billemonts. [12] (*bis*)

Quand douze plombs traversent, [13]
Ses pègres s'en retournant [14] Au tapis de Montron [15] Montron ouvre ta
lourde, [16] Si tu veux que j'aboule, [17] Et piausse en ton bocsin. [18] (*bis*)

Montron drogue à sa larque, [19]
Bonnis-moi donc girofle [20]Qui sont ces pègres-là ? [21]Des grinchisseurs
de bogues, [22]Esquinteurs de boutoques, [23]Les connaisseurs tu pas ? [24]
(*bis*)

Et vite ma culbute ; [25]
Quand je vois mon affure [26]Je suis toujours paré [27]Du plus grand coeur
du mondeJe vais à la profonde [28]Pour vous donner du frais, (*bis*)

Mais déjà la patrarque, [29]
Au clair de la moucharde, [30]Nous reluge de loin. [31]L'aventure est
étrange,C'était l'argent-de-change,Que suivait les roussins. [32] (*bis*)

A des fois l'on rigole [33]
Ou bien l'on pavillonne [34]Qu'on devrait lansquiner [35]Raille, griviers, et
cognes [36]Nous avons pour la cigogne [37]Tretons marrons paumés. [38] (
bis)

[1 : Voleurs] [2 : Nuit] [3 : Montres] [4 : Argent] [5 : Soyons prudents] [6 :
Volons] [7 : Citoyen et épouse] [8 : Éveiller les soupçons] [9 : Cria "Voleur."]
[10 : J'ai pris sa montre.] [11 : Ses boucles en diamant] [12 : Ses billets de
banque] [13 : Douze heures sonnent.] [14 : Les voleurs] [15 : Au cabinet]
[16 : Ta porte] [17 : Donne de l'argent] [18 : Dors chez toi] [19 : Demande à
sa femme] [20 : Dit mon amour] [21 : Ces voleurs] [22 : Voleurs de montres]
[23 : Cambrioleurs] [24 : Vous ne les connaissez pas ?] [25 : Culottes] [26 :
Profit] [27 : Prêt] [28 : Cave] [29 : Patrouille] [30 : La lune] [31 : Regardez-
nous.] [32 : Espions] [33 : Rires] [34 : Blagues] [35 : Pleurer] [36 : Exonérés,
soldats et gendarmes.] [37 : Palais de justice] [38 : Pris sur le fait]

La complainte du décalage

> *Voir* la note *ante* , "Sur le montage de fixation", l'original se déroule
> comme suit : −

Air : *L'Heureux Pilote* .

Travaillant d'ordinaire,
La sorgue dans Pantin, [1]Dans mainte et mainte affaireFaisant très-bon
choppin, [2]Ma gente cambriole, [3]Rendoublée de camelotte, [4]De la dalle

au flaquet; [5]Je vivais sans disgrâce,Sans regout ni morace, [6]Sans taff et sans regret. [7]

J'ai fait par comblance [8]
Giroude larguecapé, [9] Soiffant picton sans lance, [10] Pivois non maquillé, [11] Tirants, passe à la rousse, [12] Attachés de gratouse, [13] Combiriot galuché. [14]Cheminant en bon drille,Un jour à la CourtilleJe m'en étais enganté. [15]

En faisant nos gambades,
Un grand messière franc, [16]Voulant faire défilé, Serre un bogue d'orient. [17]Après la gambriade, [18]Le filant sur l'estrade, [19]D'esbrouf je l'estourbis, [20]J'enflaque sa limace, [21]
Son bogue, ses frusques, ses passes, [22]
Je m'en fus au fourallis. [23]

Par contretemps, ma largue,
Voulant se piquer d'honneur, Craignant que je la nargue Moi que n' suis pas taffeur, [24] Pour gonfler ses valades Encasque dans une rade [25] Sert des sigues à foison [26] On la crible à la grive, [27]Je m' la donne et m' esquive, [28]Elle est pommée maron. [29]

Le quart d'oeil lui jabotte [30]
Mange sur tes nonneurs, [31]Lui tire une carotteLui montant la couleur. [32]L'on vient, on me ligotte, [33]Adieu, ma cambriole,Mon beau pieu, mes dardants [34]Je monte à la cigogne, [35]On me gerbe à la grotte, [36]Au tap et pour douze ans. [37]

Ma largue n'sera plus gironde,
Je serais vioc aussi; [38]Faudra pour plaire au monde, Clinquant, frusque, maquis. [39]Tout passe dans la tigne, [40]Et quoiqu'on en juspine. [41]C'est un f— flanchet, [42]Douze longes de tirade, [43]Pour un rigolade, [44]Pour un moment d'attrait.

[1 : Soirée à Paris.] [2 : Un bon butin.] [3 : Chambre.] [4 : Pleine de marchandises.] [5 : De l'argent en poche.] [6 : Sans crainte ni inquiétude.] [7 : Sans souci.] [8 : Une augmentation.] [9 : Une belle maîtresse.] [10 : Boire du vin sans eau.] [11 : Du vin pur.] [12 : Des bas.] [13 : De la dentelle.] [14 : Chapeau lacé.] [15 : Vêtu] [16 : Citoyen] [17 : Une montre en or] [18 : Danse] [19 : Le suivre sur le boulevard.] [20 : Je l'étourdis.] [21 : Je prends de sa chemise.] [22 : Je vole sa montre, ses vêtements et ses chaussures.] [23 : La maison de réception.] [24 : Lâche] [25 : Entre dans un magasin.] [26 : Vole de l'argent.] [27 : Ils appelle le garde.] [28 : Je m'enfuis] [29 : Pris au courant.] [30 : Le commissaire l'interroge.] [31 : Dénonce ses complices.] [32 : Raconte un mensonge.] [33 : Ils attachez-moi.] [34 : Mon beau lit, mes amours.] [35 : Le quai.] [36 : On me condamne aux galères.] [37 : À l'exposition.] [38 : Vieux.] [39 : Rouge .] [40 : Dans ce monde.] [41 : Tout ce que disent les gens.] [42 : Lot.] [43 : Douze ans d'entraves.] [44 : Fou.]

Strophe II, vers 2. *Si gai, si fou et si connaisseur* —Voir *Don Juan* , Chant XI, strophe…

Strophe VI, ligne i. Sir Richard Birnie, magistrat en chef de Bow St.

"Nix My Doll, copains, Fake Away"

Ainsworth, dans sa préface à *Rookwood,* fait les remarques suivantes sur cette chanson et sur les trois chansons suivantes : « Comme j'ai fait allusion avec désinvolture à la chanson flash de Jerry Juniper, il me sera peut-être permis de faire quelques observations sur cette branche de la versification. quelque peu curieux avec un dialecte si racé, idiomatique et plastique comme notre propre cant, que ses capacités métriques auraient dû être si peu essayées. Les Français ont de nombreuses *chansons d'argot* , depuis l'époque de Charles Bourdigné et Villon jusqu'à celle de. Vidocq et Victor Hugo, dont le dernier a égayé les horreurs de son *Dernier Jour d'un Condamne* par une chanson festive de cette classe. Les Espagnols possèdent une grande collection de *Romances de Germania* , de divers auteurs, parmi lesquels Quevedo tient une place distinguée. Nous, au contraire, n'avons guère de chants d'argot dignes de ce nom. Cette stérilité n'est pas imputable à la pauvreté du sol, mais au manque de culture convenable. Les matériaux sont disponibles en abondance, mais il y a eu peu d'opérateurs. Dekker, Beaumont et Fletcher, ainsi que Ben Jonson, ont tous largement utilisé ce jargon, mais pas de manière lyrique ; et l'un des premiers et des meilleurs spécimens de chant chanté se trouve dans « *Jovial Crew » de Brome ;* » et dans les « *Aventures de Bamfylde Moore Carew* », il y a une ode solitaire adressée par la fraternité mendiante à leur monarque nouvellement élu ; mais il a peu d'humour et peut difficilement être qualifié de véritable chanson à chant. Cette ode nous ramène à notre époque ; aux effusions de l'illustre Pierce Egan ; aux Vols de fantaisie de Tom Moore *;* » au célèbre chant de John Jackson, « *On the High Toby Spice flash the Muzzle* », cité par Lord Byron dans une note à « *Don Juan » ;* " et à la glorieuse ballade irlandaise, qui vaut la peine d'être réunie, intitulée " *La nuit avant que Larry ne soit étiré* ". Ceci est attribué à feu Dean Burrowes, de Cork. [*Voir* Remarque, p. 220 *Éd* .]. Il convient de noter que presque tous les aspirants modernes aux grâces de *Musa Pedestris* sont des Irlandais. De tous les rimeurs de « *Road* », c'est Dean Burrowes qui, jusqu'à présent, a le plus pleinement droit au laurier. Larry est plutôt « la patate ! »

"J'ose affirmer que j'ai fait quelque chose de plus que ce qui a été accompli par mes prédécesseurs ou contemporains, avec le langage significatif en question. J'ai écrit *une chanson purement éclair* , dont le grand et particulier mérite consiste en ce qu'elle est totalement incompréhensible. pour l'entendement non averti, alors que sa signification doit être parfaitement claire et perspicace pour le *babillard expérimenté* du *romani* ou *du français de Pedler* . J'ai, en outre, été le premier à introduire et à naturaliser parmi nous une mesure qui, bien qu'assez courante dans le ménestrel argotique. de France, a été jusqu'ici totalement inconnu de notre poésie *piétonne* . Le présent volume montre à quel point Ainsworth se trompait dans son affirmation, donc préférée de manière ambiguë. Quelques années après, la chanson évoquée, plus connue sous le titre de « *Nix my dolly, copains,—fake away* ! est devenu extrêmement populaire, mis en musique par Rodwell et chanté par le glorieux Paul Bedford et l'intelligente petite Mme Keeley.

Le jeu de High Toby

et

La double croix

Voir la note « Nix my Doll, Pals, etc. », *ante* .

La chanson du briseur de maison

GWM Reynolds a suivi de près Dickens lorsque ce dernier a remporté son grand succès dans *The Pickwick Papers* . C'était un gribouilleur des plus volumineux, mais aucune de ses productions n'a une grande valeur littéraire.

Le faux garçon à la merde est parti

La noisette soufflée

Le nouveau toast du Faker

et

Ma mère

"Bon Gualtier" était le *nom de plume commun* de WE Aytoun et Sir Theodore Martin. Entre 1840 et 1844, ils travaillèrent ensemble à la production des *Ballades du Bon Gualtier* , qui acquitrent une telle popularité que treize grandes éditions furent demandées entre 1855 et 1877. Ils furent également associés à cette époque à la rédaction de nombreux articles de magazines en prose d'une grande envergure. personnage humoristique, ainsi qu'une série de traductions de ballades et de poèmes mineurs de Goethe, qui, après avoir paru dans *le Blackwood's Magazine* , furent quelques années plus tard (1858) rassemblées et publiées dans un volume. Les quatre morceaux mentionnés ci-dessus sont apparus comme indiqué dans *le magazine Tails Edinburgh* sous le titre « Flowers of Hemp, or the Newgate Garland » et sont des parodies de chansons bien connues.

Les ébats du High Pad

et

Le Dashy, le Splashy…. Petit limon

Leman Rede (1802-1847), auteur de nombreuses pièces dramatiques à succès et collaborateur des journaux hebdomadaires et mensuels de l'époque, principalement du *New Monthly* et *du Bentley's* . Il est né à Hambourg, son père était avocat.

Certains des meilleurs rôles jamais joués par Liston, John Reeve, Charles Mathews, Keeley et G. Wild ont été écrits par lui.

Le Bould Yeoman

Le Bridle-Cull et son petit Pop-Gun

Jack Flashman

Mlle Dolly Trull

et

Le coup de pichet

Voir la note relative aux « Sonnets pour la fantaisie » p. 225. Capitaine Macheath était l'une des dernières productions d'Egan, et en aucun cas l'une de ses meilleures. C'est désormais très rare.

Le bal des Cadgers

John Labern, un artiste et auteur-compositeur de music-hall autrefois populaire mais aujourd'hui oublié, a publié plusieurs recueils de chansons de l'époque. C'est de l'un d'eux que est tiré "Le Bal du Cadger".

"Cher Bill, cette cruche en pierre"

L'état de choses décrit dans ce poème appartient désormais heureusement au passé. Newgate, en tant que prison, a presque cessé d'exister. Ce n'est que lorsque les tribunaux siègent que leurs fonctions commencent, et alors il y a un va-et-vient constant entre l'ancienne prison de la ville et la véritable prison londonienne d'aujourd'hui, Holloway Castle.

L'homme de Leary

La Langue Vulgaire , de Ducarge Anglicus, n'a, comme glossaire, aucune importance ; la seule chose qui n'a pas été volée dans *Poverty, Mendicity and Crime* de Brandon est cette chanson. Le déposant ne sait pas d'où cela vient.

Une centaine d'étendues donc

Le Lexique de Rogue , principalement réimprimé à partir du Dictionnaire de la langue vulgaire de Grose , présente un intérêt et une valeur permanents pour le philologue et l'étudiant en raison des nombreuses survivances curieuses et des étranges nuances de sens apparaissant dans les mots d'argot et les expressions familières après leur transplantation aux États-Unis. GW Matsell fut pendant un temps chef de la police de New York.

L'anse Chickaleary

Vance, chanteur et compositeur de music-hall dans les années soixante, a réalisé son premier grand succès dans *Jolly Dogs ; ou Slap-bang ! nous y revoilà* . Vient ensuite *The Chickaleary Cove* : un classique à sa manière.

'Arry lors d'un pique-nique politique

Les « Arry Ballads » sont trop fraîches dans la mémoire publique pour nécessiter une citation approfondie. L'exemple donné est un bon échantillon de la série ; qui, pris dans son ensemble, « s'entendent » très intelligemment avec les particularités et les faiblesses du larrikin de Londres.

Strophe VIII, ligne 4. *Walker* = Partez !

"Des criques de rhum qui nous soulagent"

Heinrich Baumann, l'auteur de *Londonism en* , un glossaire anglais-allemand de cant et d'argot, dont « Rum Coves that Relieve us » constitue la préface.

La bonne nuit de Villon

Pointe droite de Villon

et

La culture dans les bidonvilles

William Ernest Henley, poète, critique, dramaturge et éditeur, est né à Gloucester en 1849 et a fait ses études dans la même ville. Dans ses premières années (selon *Men of the Time*), il souffrit beaucoup de problèmes de santé, et la première section de son *Livre de Vers* (1888 : 4e éd. 1893), *À l'hôpital : rimes et rythmes* , était un récit d'expériences dans l'ancienne infirmerie d'Édimbourg, en 1873-1875. En 1875, il commença à écrire pour les magazines londoniens et, en 1877, il fut l'un des fondateurs ainsi que le rédacteur en chef de *London* . Dans ce journal, une grande partie de ses premiers vers sont parus. Il fut ensuite nommé rédacteur en chef du *Magazine of Art* et, en 1889, de *The Scots* , puis *du National Observer* . Dans ces revues, ainsi qu'à *The Athenaeum* et *Saturday Review,* il a rédigé de nombreux articles critiques, dont une sélection a été publiée en 1890 sous le titre de *Views and Reviews* . En collaboration avec Robert Louis Stevenson, il a publié un volume de pièces de théâtre, dont l'une, *Beau Austin* , a été produite au Haymarket Theatre en 1892. Son deuxième volume de vers, *The Song of the Sword* , marque un nouveau départ dans le style. Il a édité un beau recueil de vers, *Lyra Heroica* , et, avec M. Charles Whibley, une anthologie de prose anglaise. En 1893, M. Henley reçut l'honneur d'un diplôme LLD de l'université St. Andrew's. À l'heure actuelle, il édite également *The New Review*, une série de *traductions Tudor*, un nouveau *Byron*, un nouveau *Burns*, et collabore avec M. JS Farmer dans *Slang and its Analogues*; un dictionnaire historique de l'argot.

" *Conseil droit de Villon* : Strophe I, ligne I. *Screeve* = fournir (ou travailler avec) des lettres de mendicité. Ligne 2. *Fake the broads* = emballer les cartes. *Fig a nag* = jouer au coper avec un vieux cheval et une figue de gingembre. Ligne 3. *Knap a yack* = voler une montre. Ligne 4. Lancez *un sournois* = passez une fausse pièce de monnaie = changez une fausse note. Ligne 5. *Duff* = vendez *du nez et du décalage* = collectez des preuves. police. Ligne 6. *Obtenez la ligne droite* = obtenez le bureau et revenez gagnant. Ligne 7. *Multy* (explétif) = "sanglant". Ligne 8. L' alcool *et les flics, cf.* aux filles." (A. Lang).

Strophe II, ligne 1. *Violon* = escroquerie. *Clôture* = trafic de biens volés. *Masse* = gallois. *Mack* = proxénète. Ligne 2. *Moskeneer* = mettre en gage pour plus que la valeur de la promesse. *Flash the drag* = porter des vêtements pour femmes dans un but inapproprié. Ligne 3. *Mort-rôdez dans une crèche* = effraction à l'heure de l'église. *Faites du crack,* cambriolez avec violence. Ligne 4. *Pad avec un argot* = clochard avec un spectacle. Ligne 5. *Oreillon et bâillon* = mendier et parler. Ligne 6. *Tats* = dés. *Spot*, (au billard). Ligne 7. *Cerf* = shilling.

Strophe III, ligne 2. *Montrez votre drapeau* = portez votre tablier. Ligne 4. *Mug* = faire des grimaces. Ligne 5. *Nix* = rien. Ligne 6. *Greffe* = commerce. Ligne 7. *Gobelins* = souverains. *Stravag* = s'égarer.

Le moral. Doublure. /i>Up the bec et Charley Wag_ = expressions de dispersion. Ligne 2. *Lingettes* = mouchoirs. *Tickers* = montres. Ligne 3. *Presse* = licol. *Scrag* = cou.

"Tottie"

Une ballade sur un lit de planches

et

Le Rondeau du Toc

GR Sims ("Dagonet") a besoin de peu d'introduction pour les lecteurs d'aujourd'hui. Né à Londres en 1847, il fit ses études au Harwell College, puis à Bonn. Il rejoint l'équipe de *Fun* à la mort de Tom Hood le jeune en 1874, et *de The Weekly Despatch* la même année. Depuis 1877, il collabore à *The Referee* sous le pseudonyme de « Dagonet ». Un volumineux écrivain, dramaturge, poète et romancier, M. Sims ne montre pourtant aucune diminution de sa polyvalence et de sa puissance.

Wot Cher!

Notre petite pince

et

La Sérénade de Coster

Albert Chevalier, « poète coster », artiste de music-hall et musicien d'origine française est né à Hammersmith. C'est un acteur prudent et compétent dans les rôles mineurs et il chante extrêmement bien ses propres petites chansons.

ANNEXE

IL y a encore un ou deux « abandonnés et errants » à mentionner :—

JE.

Dans *Don Juan* , chant XI, strophes XVII—XIX, Byron décrit ainsi l'un de ses *dramatis personæ* .

Le pauvre Tom était autrefois un enfant en ville,
un véritable vermine et une vraie houle… Plein flash, tout fantaisiste,
jusqu'à ce qu'il soit assez gâté, ses poches d'abord, puis son corps criblé.

* * * * *

Il avait retranché du monde un grand homme
qui, en son temps, avait fait un travail héroïque. Qui, comme Tom, pourrait diriger la camionnette, Booze dans le ken ou dans l'agitation du sort ? Qui adore un appartement ? Qui (malgré l'interdiction de Bow Street) Sur l'épissure de haut niveau pour montrer le museau ? Qui sur une alouette, avec Sal aux yeux noirs (son souffle) Si excellent, si gonflé, si dingue et si connaisseur ?

Dans une note, Byron dit : « Les progrès de la science et du langage ont rendu inutile la traduction du bon et vrai anglais ci-dessus, parlé dans sa pureté originelle par la mobilité choisie et leurs clients. Ce qui suit est la strophe d'une chanson qui a été très populaire, du moins à mes débuts :—"

("S'il y a un Allemand si ignorant qu'il a besoin d'une traduction, je le renvoie à mon vieil ami et pasteur corporel et maître John Jackson, Esq., professeur de pugilisme.")

Sur le haut toby splice flash le museau
Malgré chaque potence vieux scout; Si vous au orthographe ne pouvez pas vous bousculer Vous serez entravé dans votre influence. Alors votre souffle cirera la potence hautaine, Quand elle entendra parler de votre erreur écailleuse, Elle il deviendra sûrement un vif d'or pour les quarante ans...
Pour que son Jack ait un poids normal.

John Jackson, à qui est attribuée la chanson d'argot dont la strophe précédente est un fragment, était le fils d'un constructeur londonien. Il est né à Londres le 28 septembre 1769 et, bien qu'il n'ait combattu que trois fois, il fut champion d'Angleterre de 1795 à 1803, date à laquelle il prit sa retraite et fut remplacé par Belcher. Après avoir quitté le ring, Jackson créa une école au n° 13 de Bond Street, où il donnait des cours sur l'art de l'autodéfense, et était largement fréquenté par la noblesse de l'époque. Lors du couronnement de George IV, il fut employé, avec dix-huit autres combattants habillés en pages, pour garder l'entrée de l'abbaye et du hall de Westminster. Il semble, d'après l'inscription sur une gravure en manière noire de C. Turner, avoir été par la suite propriétaire du Sun and Punchbowl, Holborn, et du Cock at Button. Il mourut le 7 octobre 1845 au n° 4 Lower Grosvenor Street West, à Londres, dans sa soixante-dix-septième année, et fut enterré au cimetière de Brompton, où un monument colossal fut érigé par souscription à sa mémoire. Byron, qui était l'un de ses élèves, avait une grande estime pour lui et marchait et conduisait souvent avec lui en public. On raconte que, pendant que le poète était à Cambridge, son précepteur lui fit des remontrances d'être vu en compagnie bien au-dessous de son rang, et qu'il répondit que « les manières de Jackson étaient infiniment supérieures à celles des camarades du collège que je rencontre. à « la table haute » » (JW Clark, Cambridge, 1890, p. 140). Il fait deux fois allusion à son « vieil ami et pasteur et maître corporel » dans ses notes sur ses poèmes (Byron, *Poetical Works*, 1885-6, ii. 144, vi. 427), ainsi que dans ses « Conseils d'Horace » (ib.i.503) :

Et les hommes inexpérimentés à échanger des coups
doivent se rendre chez Jackson avant d'oser boxer.

Moore, qui accompagna Jackson à un combat en décembre 1818, note dans son journal que la maison de Jackson était « un établissement très soigné pour un boxeur » et que le respect qui lui était rendu partout était « hautement comique » (*Mémoires* , ii. 233). Un portrait de Jackson, tiré d'une peinture originale alors en possession de Sir Henry Smythe, bart., se trouve dans le premier volume de "Pugilistica" de Miles (opp. p. 89). Il existe deux gravures à la manière noire de C. Turner.

II.

Janet Pride d'IN Boucicault (reprise par Charles Warner au Adelphi Theatre de Londres au début des années 80) était chantée ainsi (ici donnée de mémoire) :

La chanson du forçat.

L'ADIEU.
Adieu la belle vieille Angleterre ! Adieu aussi à mes vieux copains ! Adieu au célèbre Old Ba-i-ly (*Whistle*).
Là où j'avais l'habitude de couper une houle, Ri-chooral, ri-chooral, Oh !!!

LE [WERDHICK ?]
Ces longues années que je sers, Et je dois rester pendant plusieurs années,
Tout cela pour avoir dénigré un type dans notre ruelle,
(*Whistle*).
Et on lui enlève ses huxters !

LA PLAINTE.
Il y a le capitaine, qui est notre commandant, il y a le maître d'équipage et

tout l'équipage du navire, il y a les mariés ainsi que les célibataires, (*Whistle*).
Il sait ce que nous traversons, les détenus.

LA [Souffrance ?]
Ce n'est pas parce qu'ils ne nous donnent pas assez de bouffe, Ce n'est pas parce qu'ils ne nous donnent pas de vêtements : C'est à cause de nous tous, la noblesse aux doigts légers (*Whistle*).
Il se promène avec une bûche sur les orteils.

LA PRIÈRE.
Oh, si j'avais les ailes d'une tourterelle, À travers le vaste océan je volerais,
Droit dans les bras de mon amour politique (*Sifflet*).
Et sur sa douce poitrine je mentirais !

LE MORRELL.
Maintenant, vous tous, jeunes comtes et duchesses, soyez avertis de ce que j'ai à dire, et faites attention à tout ce que vous touchez, (*Sifflet*).
Ou vous nous rejoindrez à Botinny Bay ! Oh!!! Ri-chooral, ri-chooral, ri-addiday, Ri-chooral, ri-chooral, iday.